超圖解
社會心理學

| 李雲帆　編著 |

萬里機構

目錄

Chapter 03 認識你身處的世界 ——「我」眼中的社會

Chapter 04 你與世界的連接 ——社會影響

Chapter 05 知己知彼——社會交際

Chapter 01

社會心理學導圖

社會心理學常識科普

社會心理學＝社會學＋心理學？

不被了解的社會心理學

1

社會心理學的起源

19 世紀末

法國社會學家加布里埃爾·塔爾德出版《模仿律》，法國社會心理學家古斯塔夫·勒龐出版《烏合之眾》，為社會心理學奠定了基礎。

1908 年

美國社會學家羅斯出版《社會心理學》，英國心理學家麥獨孤出版《社會心理學導論》，標誌着社會心理學的誕生。

1924 年

美國心理學家奧爾波特把科學實驗方法引入社會心理學，出版以實驗為基礎的《社會心理學》，標誌着社會心理學成為一門獨立科學。

20 世紀中

第二次世界大戰的爆發客觀上推動了社會心理學的蓬勃發展。

2

社會心理學是社會學的一個分支？

社會心理學是社會學與心理學的交叉學科。社會學研究的是群體及社會中的人；社會心理學是研究個體和群體在社會相互作用中的心理、行為的發生及變化規律，屬心理學的一個分支。

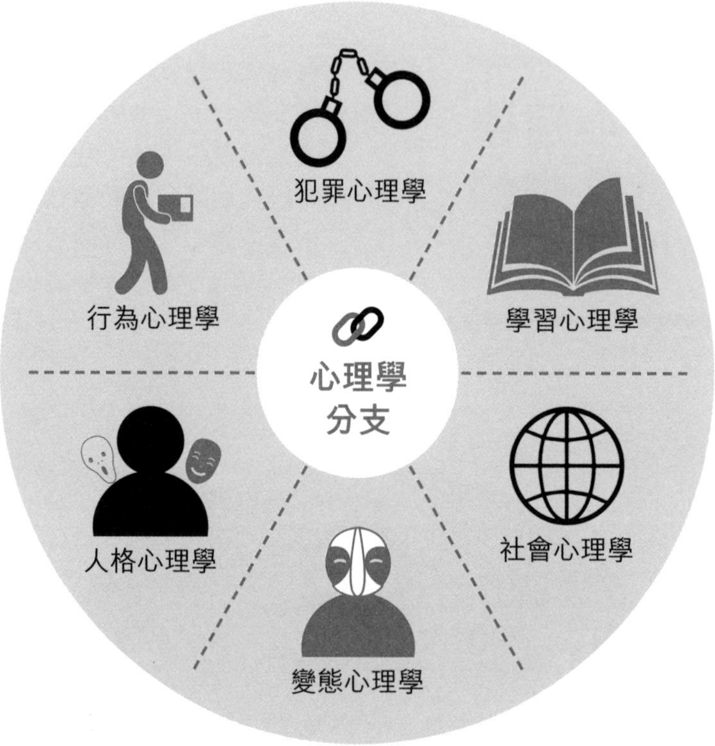
犯罪心理學
行為心理學
學習心理學
心理學
分支
人格心理學
社會心理學
變態心理學

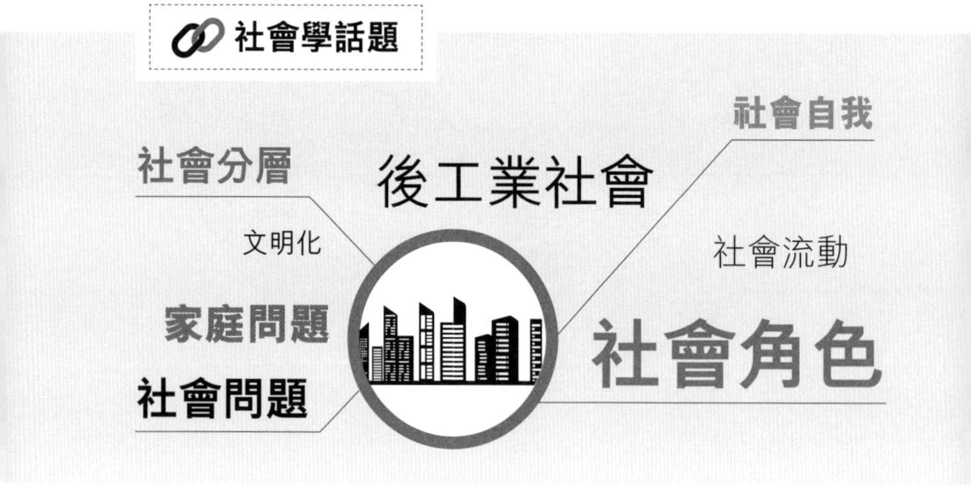
社會學話題
社會自我
社會分層
後工業社會
文明化
社會流動
家庭問題
社會角色
社會問題

社會心理學話題

幫助行為與利他主義

喪失與哀傷

抑鬱與攻擊

從眾與群體暴力

親密關係與孤獨

3 社會心理學有多社會？

社會心理學與「社會」有關。我們如何看待他人，如何互相影響，以及如何與他人互相關聯，是社會心理學家共同的研究目標。

社會思維

- 我們如何認識自己和他人？
- 我們相信甚麼？我們怎樣判斷？
- 我們的態度是甚麼？

社會影響

- 文化影響
- 從眾壓力
- 説服
- 群體影響

社會關係

- 偏見
- 攻擊
- 幫助
- 吸引力和親密關係

4 社會心理學與日常生活無關？

態度與信念，從眾與獨立，愛與恨，這些社會心理學家研究的問題，都與我們的日常生活息息相關。

當一些紙幣從一輛飛馳的運鈔車上飄飛下來……

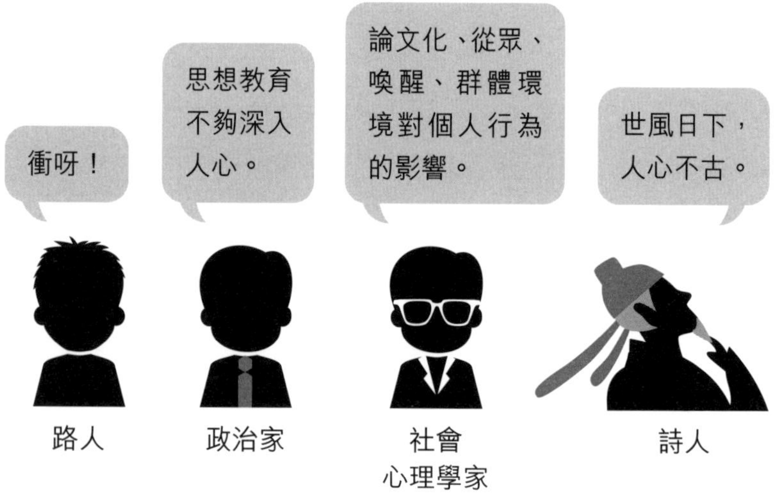
衝呀！
思想教育不夠深入人心。
論文化、從眾、喚醒、群體環境對個人行為的影響。
世風日下，人心不古。
路人
政治家
社會心理學家
詩人

結語

社會心理學是一門新興的科學。第一個社會心理學實驗、第一本社會心理學教材，都在一個世紀前才問世。20 世紀 30 年代，隨着美國心理學家奧爾波特的《社會心理學》出版，以實驗研究、數據分析、揭示和利用規律為基礎的現代社會心理學宣告誕生。

社會心理學是一門與現實生活緊密相關的科學。20 世紀 40 年代，法西斯主義肆虐歐洲；第二次世界大戰則刺激了社會心理學的研究，掀起研究偏見的熱潮。當代社會心理學奠基人之一、人格心理學之父奧爾波特在《偏見的本質》，對偏見的形成和消除進行了廣泛、深刻的探討。

20 世紀 60 年代，隨着暴力犯罪的增加，社會心理學家將興趣轉向對攻擊性的研究。心理學家將攻擊分為敵意性攻擊和工具性攻擊，有心理學家提出「隱形攻擊」的概念，認為在關係中處於弱勢的一方通過拖延、躲避、暗中報復等方式發起的隱形攻擊，比直接攻擊更具殺傷力。

20 世紀 70 年代，女權運動掀起了有關性別與性別歧視的研究高潮；80 年代，社會學家展開了對這種形式影響下的人群心理的研究；90 年代，社會學家又將研究焦點轉向文化多樣性、種族多樣性、收入平等、老齡化等現代人要面臨的問題。

作為一門科學，社會心理學不會告訴我們「甚麼是對的」，而是會為我們理解自身及世界時提供一種方法，使我們可以更好地了解自己，更好地與世界交流。

你和社會有甚麼關係？

社會心理學與日常

1

我們不是孤獨的星球，而是生活在銀河系。

我們一出生就被賦予各種角色，這些角色讓我們與周圍的世界密不可分。

即使你關上了門，我也會在門外呼喚你。

研究顯示，除了面對面的交流，全世界 70 億人還通過 50 億部手機和社交媒體，用聲音和文字彼此聯繫。

2

不管你是否願意，都無法逃避世界的影響。

我們的認知、信念、價值觀、態度、行為及由此帶來的命運，都深受世界的影響。

生命之初

在你還沒出生時，你的長相、身高、健康狀況、性格傾向等就受到父母基因的影響。

嬰兒期

身為嬰兒，與照顧者（通常為媽媽）的關係，將影響你日後的依戀類型。

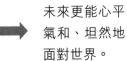

溫柔細心的媽媽　安全型嬰兒

未來更能心平氣和、坦然地面對世界。

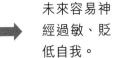

陰晴不定的媽媽　焦慮型嬰兒

未來容易神經過敏、貶低自我。

粗心大意的媽媽　迴避型嬰兒

未來容易變成冷漠與驕傲並存的自大狂。

青少年期

最具可塑性的青少年期是個體成長與社會化的最重要階段，與你關係最親近的父母、老師，尤其是同齡夥伴，無不潛移默化地影響着你對自身、他人及世界的認知、態度和行為。

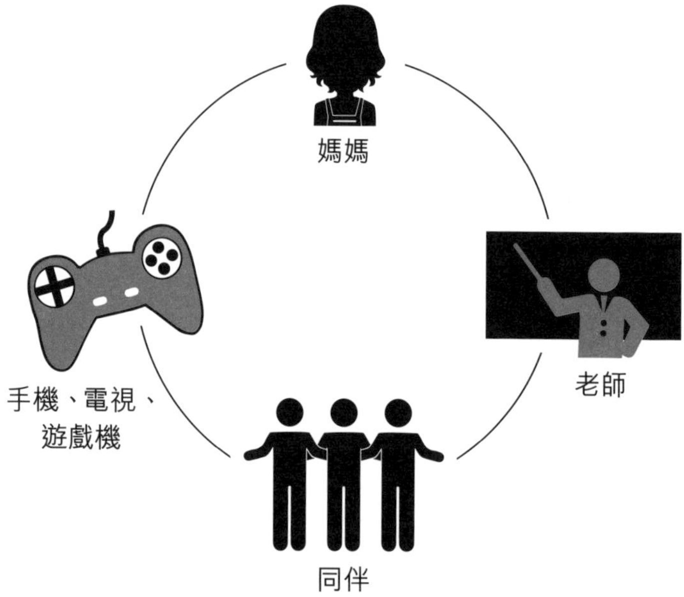

據中國互聯網絡訊息中心的一項研究報告，2019 年，中國未成年網民規模已達 1.75 億，普及率為 93.1%。

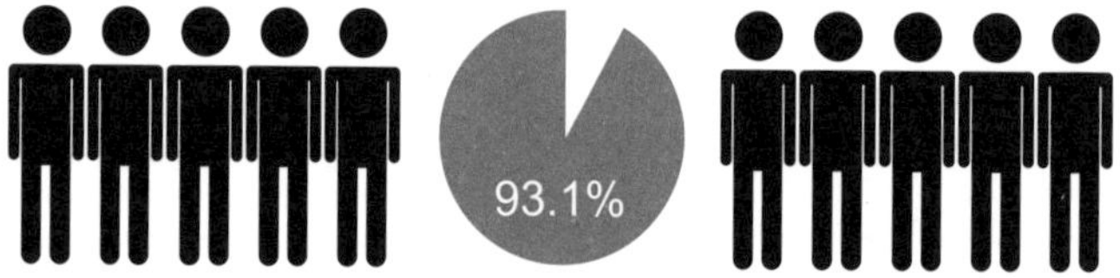

未成年人認為互聯網主要是：

認識世界的窗口（67.1%）
日常學習的助手（66.1%）
娛樂放鬆的途徑（59.3%）
便利生活的工具（53.1%）
認識朋友的渠道（36.5%）
自我表達的空間（18.8%）

成年期

廣泛的社會活動、複雜的社會角色會不斷挑戰你過去的認知，讓成年的你經歷一次又一次認知革新與人生蛻變。

無數偶發事件，都在一點一滴地重塑你的「三觀」（價值觀、人生觀、世界觀）。

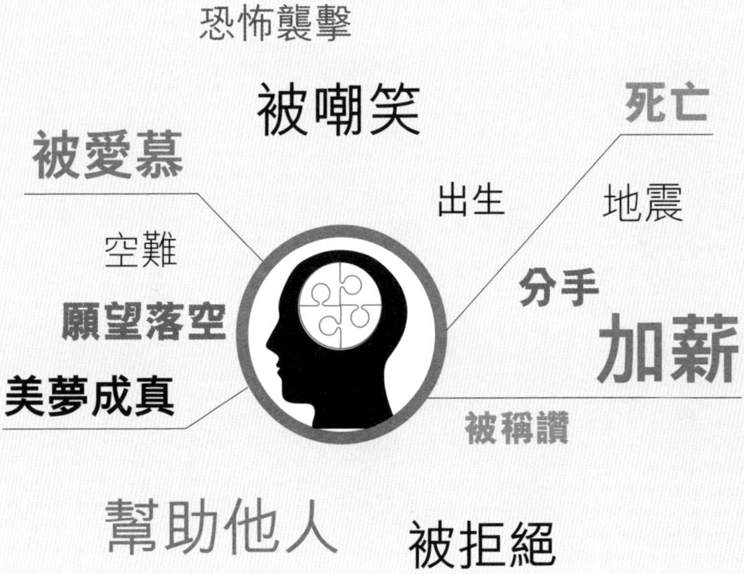

3

你只想做自己，世界卻因你而變

一隻蝴蝶拍動翅膀，結果可能掀起一場巨大的風暴。不論有意還是無意，你的態度、信念、價值觀和行為也會深深影響着周圍的人，乃至更廣闊的人群。

消息的病毒式傳播：
一個人→兩個人→四個人→八個人

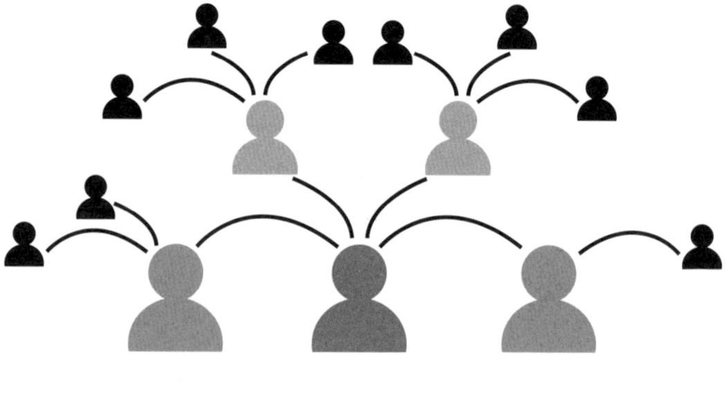

4

社交需要一點心理學

社會心理學雖然不探討生命的終極問題，但可以為你提供一種方法，去追尋和解答日常生活中遇到的問題，讓你更好地了解自己，更好地與世界相處。

結語

社會是人的社會，人是社會中的人。你、我、他既是有獨立生命價值的個人，又是彼此有緊密聯繫的「社會人」。而社會心理學就是一門以研究社會中的人如何互相影響、互相關聯為己任的學問，它讓我們了解自己和世界，從而避開陷阱，邁向美好生活。

心理學家曾通過控制兒童觀看暴力節目的數量，研究暴力節目對兒童的影響，得出的啟發是，為避免兒童對暴力行為的模仿，應當對幼兒節目的內容加以規限；作為父母和教育者，應當更謹慎地為孩子挑選書籍和電視節目。弗洛伊德認為，愛和工作是人生最重要的兩件事。人們嚮往愛情，但恰如一句話所說：「愛有多美好，就有多憂傷。」如果不懂人們因何而彼此吸引，因何而彼此厭憎，即使在一起也難以維持長久。

再說工作。你曾否因無法得到認可、無法説服客戶、無法帶領團隊以及遭到他人排擠等問題而苦惱？我們遇到的難題，很大部分與技能無關，想攻破難關就得了解一些社會心理學常識，比如偏見會導致誤解和歧視、競爭會引來敵意等等。

總之，社會心理學與我們的日常生活息息相關。懂一點社會心理學可以讓我們更好地社交。

社會心理學太簡單？

別高估你的判斷力

金科玉律

經過千錘百煉，社會心理學家總結了以下「金科玉律」：

1. 你眼中的世界不等於真實的世界
2. 你的直覺很強大，有時又很危險
3. 世界影響着你
4. 你影響着世界
5. 你是生理 - 心理 - 社會的有機體
6. 社會心理學可以點亮你的生活

你是否認為：社會心理學就這麼簡單？這也算一門學問？

社會心理學的研究成果，看上去似乎都是「常識」。但事實真的如此嗎？

1 關於愛情

你以為「異性相吸」，所以最佳的組合是：

美女 & 野獸

蘿莉 & 大叔

灰姑娘 & 王子

文藝女 & 理工男

但是社會心理學家研究發現：

相似產生喜歡，不相似導致不喜歡。

人們在戀愛時，通常傾向選擇各方面條件與自己匹配的人。

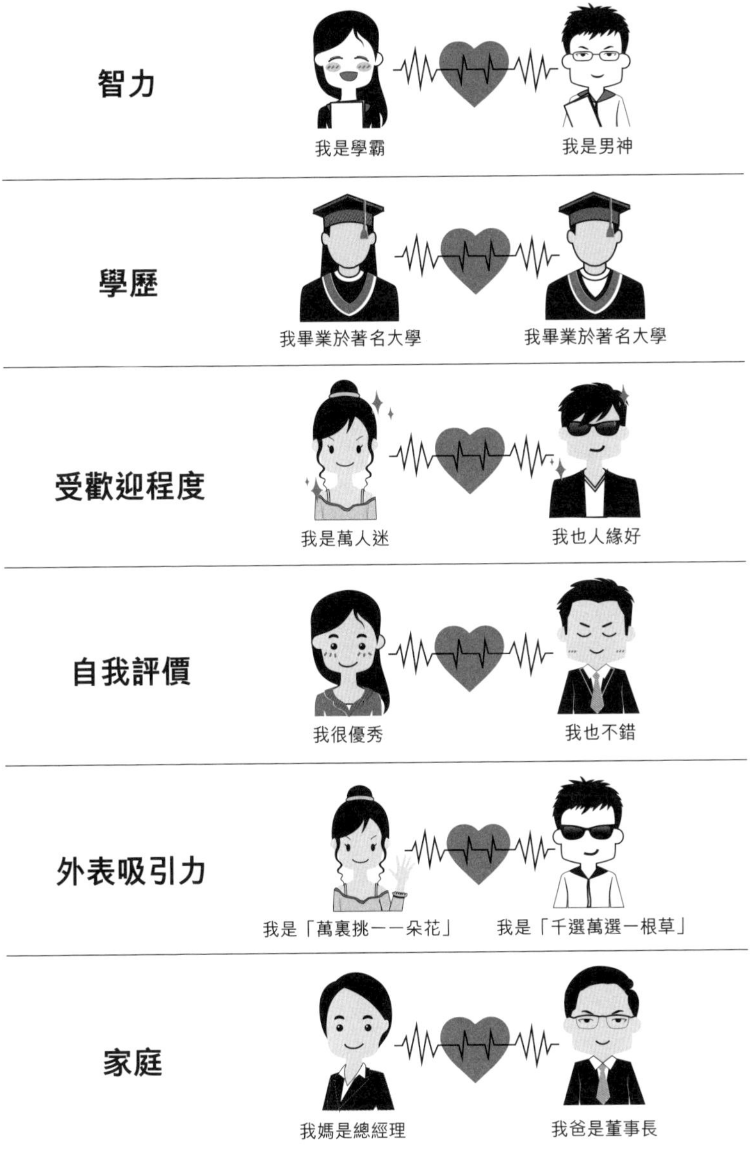

智力
我是學霸
我是男神
學歷
我畢業於著名大學
我畢業於著名大學
受歡迎程度
我是萬人迷
我也人緣好
自我評價
我很優秀
我也不錯
外表吸引力
我是「萬裏挑一一朵花」
我是「千選萬選一根草」
家庭
我媽是總經理
我爸是董事長

研究發現，各方面條件匹配的兩個人，其婚姻更牢固。

2

關於工作

你以為「人多力量大」，所以：

人多幹勁足！
人多幹活快！
人多點子好！
TEAM

但是社會心理學家研究發現，人多時可能存在以下幾種現象：

- **社會懈怠現象（大家一起做的事，我不必太賣力。）**

人多未必幹勁足

- **搭便車現象（就算我不做，也會有人做。）**

  ⬇

  人多未必幹活快

- **群體思維現象（為了世界和平，我最好不要反對。）**

  ⬇

  人多未必點子好

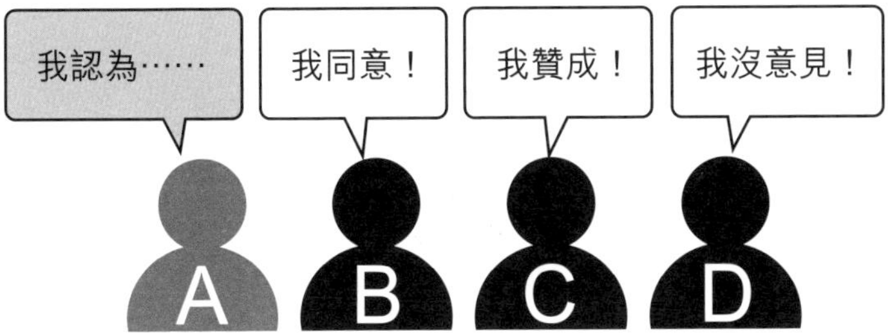

3

關於「好」與「壞」

你以為

- 助人為樂的都是好人
- 傷害別人的都是壞人
- 好人絕不會做喪盡天良的事

但是心理學家研究發現，我們的世界不是非黑即白的：

- 根據社會交換理論，有些人幫你只是為了得到甚麼。
- 根據從眾理論，有些人害你並非本性邪惡，而是一時鬼迷心竅。
- 菲利普．津巴多教授的斯坦福監獄實驗證明，在情境的影響下，好人也可能做出可怕的事情。

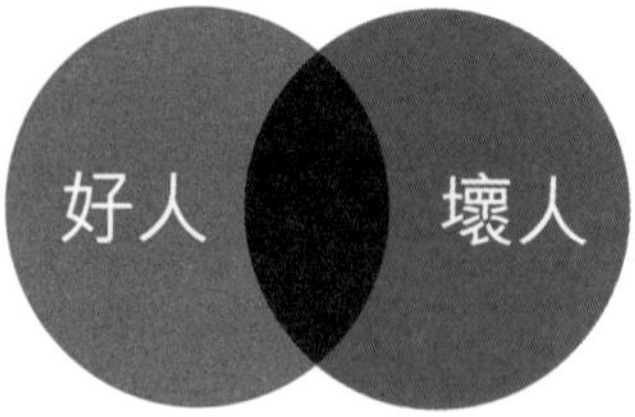

4

關於世界大戰

你以為

你也許以為美國士兵在第二次世界大戰中的情況是這樣：

- 知識分子比受教育程度低的士兵更難適應戰爭，因為知識分子養尊處優。
- 南方士兵比北方士兵更能適應炎熱島嶼的氣候，因為南方士兵原本生活的環境較炎熱。
- 白人士兵比黑人士兵更看重晉升，因為白人一般自視社會地位更高。

但是美國心理學會經過採訪調查，發現事實恰恰相反：

- 受教育程度低的士兵適應性更差，因為遇到情緒問題不知道如何排遣。
- 南方人比北方人更討厭炎熱的天氣，尤其是濕潤的海島氣候。
- 黑人士兵更看重晉升，因為他們迫切地想改變命運。

有文化　沒文化

南方人　北方人

白人　黑人

結語

哲學家懷特海曾說：「所有重要的東西在很早以前就提過了。」事實的確如此，還是我們認為事實是這樣的？

在社會心理學中有許多觀點，比如門當戶對的婚姻更牢固、偏見會導致歧視、競爭會招來敵意——看到這些結論，你大概會想：這些道理難道不是顯而易見的常識嗎？難道還需要專門研究嗎？但真的是這樣嗎？

如果你這樣想，就很可能犯了「後見之明」的錯誤。在現實生活中，我們往往容易成為「事後諸葛亮」，當得知事情的結果之後，容易高估自己從前的判斷，認為「我早就知道了」；但事實卻是，在知道結論之前，你對事情的結果並不肯定，甚至你最初的觀點有可能與最後的結果背道而馳。

我們為甚麼會產生「後見之明」的錯誤呢？

用丹麥哲學家索倫．克爾凱郭爾的話說：「生活是正着來活，卻是倒着去理解。」而「後見之明」會導致妄自尊大、高估自己。而社會心理學可以協助你區分真實與幻想、真正的預測與「後見之明」。

Chapter 02

認識你自己

社會中的「我」

你是怎樣認識自己的？

社會比較和鏡像自我

蘇格拉底

蘇格拉底：「認識你自己。」

社會心理學家認為，我們了解自己的方式，除了照鏡子，可總結為以下途徑。

1

角色認知：「我是你爸，你是我兒子。」

在生活中，人人都是不同角色的扮演者，而且每天在不同的角色間切換。你是誰？取決於你以何種身份出現在誰面前。

2

社會同一性：不對夏蟲言冬景，各有各的生活圈。

每個群體都是一個「圈子」，它為我們提供精神歸宿，也賦予我們某種身份標籤。

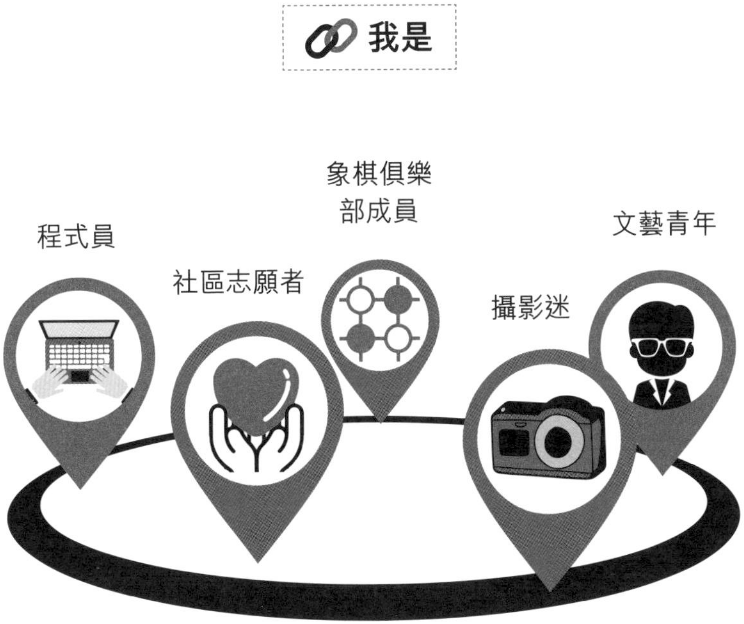

3

社會比較：因為你太好，所以我不好

我們都是生活在社會大家庭中的一員。「社會比較」是我們獲取自己成功或失敗，富有或貧窮等自我形象的途徑。

社會比較

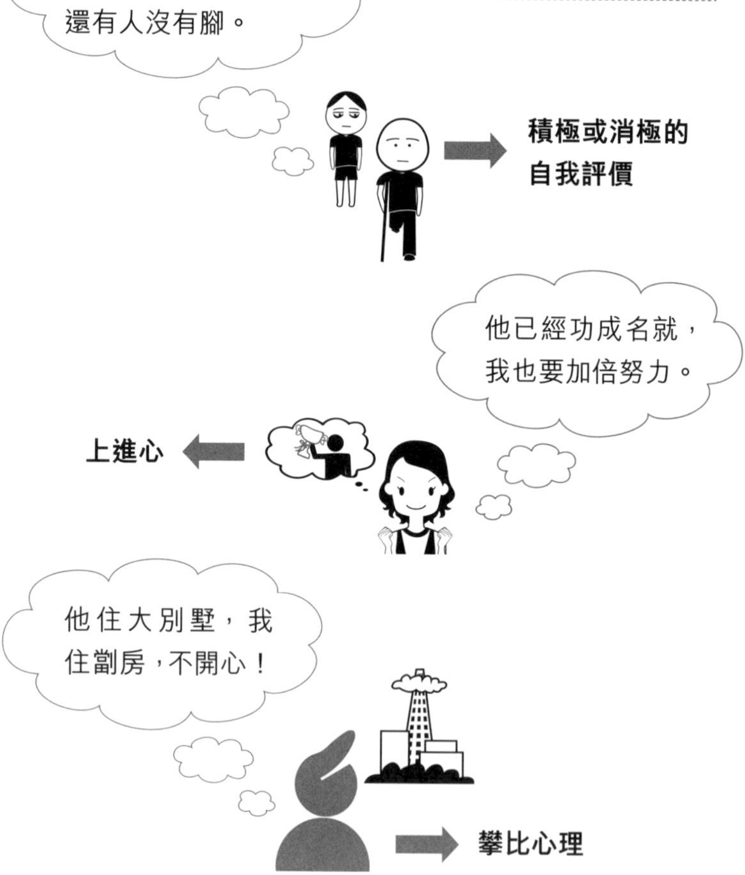

我因為沒有鞋穿而沮喪不已，直到我發現還有人沒有腳。
積極或消極的自我評價
他已經功成名就，我也要加倍努力。
上進心
他住大別墅，我住劏房，不開心！
攀比心理

4

鏡像自我：如果你是鏡子，我就是那鏡中的人。

社會學家查爾斯．霍頓．庫利提出「鏡像自我」的概念，認為他人就像一面鏡子，我們會根據自己出現在他人面前的樣子來自我感知。此外，社會學家喬治．赫伯特．米德認為，與我們的自我概念有關的，並非他人實際上如何評價我們，而是我們想像中他們如何評價我們。

你今天真漂亮。
哇！居然有人這樣讚美我！
看來我真的有魅力！

研究發現，由於我們傾向讚美與恭維他人，因此我們容易高估他人對自己的評價，從而導致自我形象的膨脹。

5

文化影響：「我是誰」，已默默被文化「潛規則」。

社會學家戴維．邁爾斯認為，文化會影響我們的自我感知。在個人主義的文化下，我們的自我定義更為獨立，更注重「我」的概念；集體主義文化容易孕育互相依存的自我，更注重「我們」的概念。

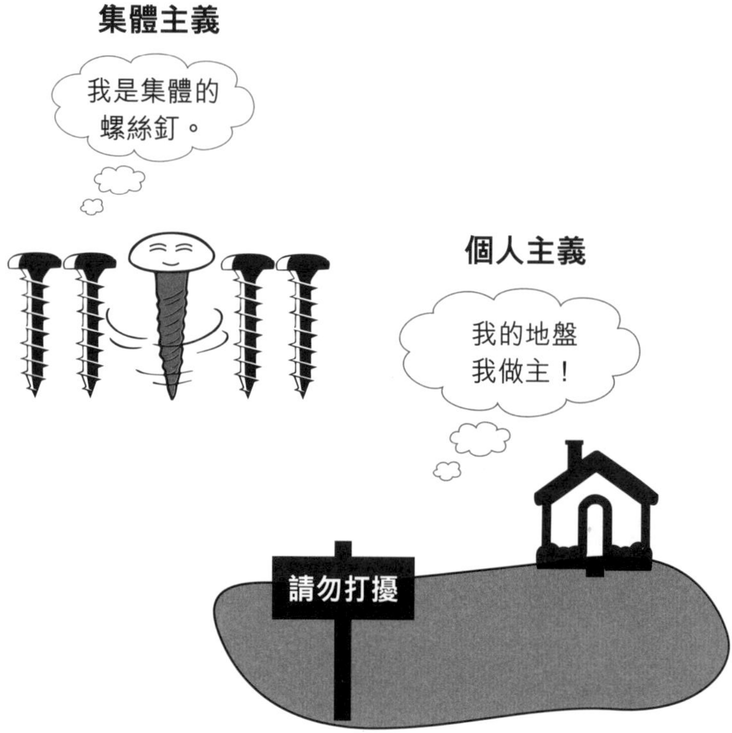

集體主義
我是集體的螺絲釘。
個人主義
我的地盤我做主！
請勿打擾

結語

「我是誰？我是哪種人？我怎麼樣？我的身份是甚麼？」當我們思考這些問題時，到底想得到怎樣的答案？

也許，每個人心中都有一個關於自我的概念，這些問題並沒有一個標準答案，不過心理學家發現了一些形成自我概念的普遍規律，那就是基因對人格與自我概念的形成有重要的影響。此外，社會經驗也在自我概念的形成中扮演着重要的角色。

簡單來說，社會經驗的影響包括六方面：我們扮演的角色、我們形成的社會同一性、我們和別人的比較、我們的成功與失敗、其他人對我們的評價以及周圍的文化。我們會通過自我覺察適應各種角色；不由自主地產生「內群體偏見」，對「圈內人」更親近，而排斥「圈外人」；我們的生活大部分都圍繞社會比較，由此帶來羨慕、嫉妒、競爭、偏見、歧視等；我們還習慣以他人的成敗、言行、態度等來衡量和評價自己；而現實的境遇，尤其是失敗的境遇，也會使我們自我反省，讓我們重新思考自我。

心理學家認為，我們之所以如此看重自己所在的群體，如此在乎他人的評價，是因為我們祖先的命運由別人如何評價他們而決定——當他們受到群體認可與保護時，生存的機率就會更大。這導致我們有根深蒂固的歸屬需要，從而努力尋求被認可、被接納；當我們面對社會排斥時，就會感到挫敗和痛苦。

他在看你，還只是在看手機？

焦點效應和透明度效應

「我」是大宇宙中的「小我」，每個「小我」都有一個自我的宇宙。在這裏，「我」是一切的中心，全世界都是「我」的觀眾。

1

你站在橋上看風景，看風景的人在樓上看你。

你以為		實際上
今天穿得漂亮地出門，大家看我的眼神都變了。		別人根本沒注意到你穿了甚麼。
初次吃西餐用錯了刀叉，感覺整個餐廳的人都在嘲笑我。		除了你自己，沒人知道你是怎麼使用刀叉的。

研究者讓大學生試穿胸前印有勵志句子的運動衫去見同學。約40% 的試穿者確信同學會記住自己衣服上的字，但實際上僅有10% 的人記住。在另一項實驗中，研究者讓大學生穿着印有過氣搖滾歌手的 T 恤去上課。試穿者認為 50% 的人會注意到尷尬的衣着，實際上僅有 23% 的人注意到。

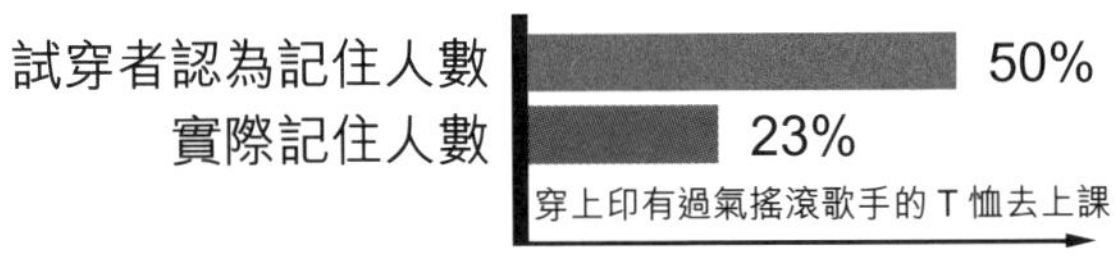

焦點效應

人們傾向把自己視為一切的中心，並且容易高估他人對自己的關注程度。這就是焦點效應。

站在舞台中心，
我的一舉一動都
受萬眾矚目。

2

暗示太明顯，連「豬」都發現到。

發現你了

你以為		實際上
我當時很生氣，他不會不知道。		他根本沒發現你在生氣。 
偶遇心儀的人讓我臉紅心跳，大家都能看出我喜歡他。		別人根本沒發現你臉紅了，更不知道你心跳加速。

透明度錯覺

我們傾向高估他人對自己情緒和情感的關注度和理解度。當自己快樂時，認為自己的快樂都寫在臉上，對方一定會覺察到；當自己悲傷、憤怒時也是如此。但事實上，你的表現並不像你自己意識到的那樣明顯，他人對你情感和情緒的感知，也不像你認為的那麼敏感。「透明度錯覺」就是一種心理錯覺。

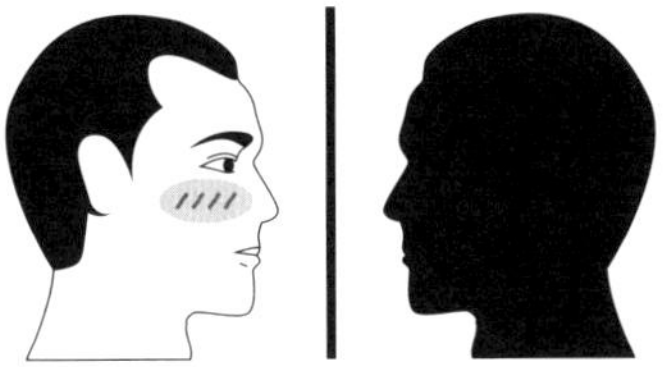

自己眼中　　別人眼中

3

我認為這樣，世界就是這樣？

焦點效應 + **透明度錯覺** = **產生誤會**

你以為對方知道一些事，但對方其實並不知道。

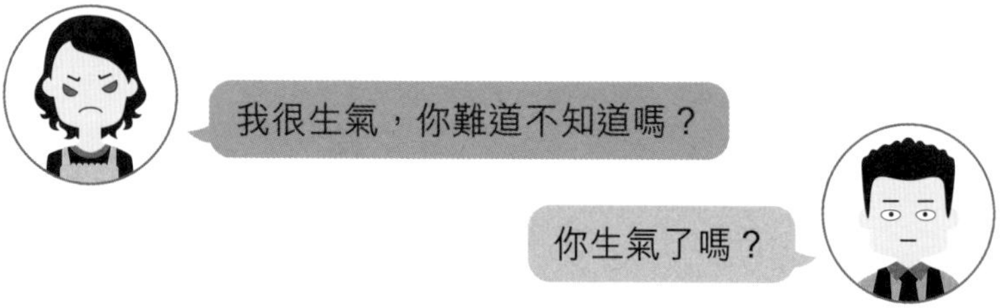

我很生氣，你難道不知道嗎？
你生氣了嗎？

過度緊張

在公開場合、重要的社交場合，我們會因擔心他人發現自己緊張而變得更加緊張。

一想到別人會暗中嘲笑我緊張的樣子，我就更加緊張了。

自作多情

認為自己的儀表、情緒、謊言等影響到他人，實際卻是他人的言行與你無關。

他看我的眼神怪怪的，
難道我的妝沒化好？

誇大社交失誤

擔心他人會很在意你的失誤，並為此自責不已，實際上別人根本沒放在心上。

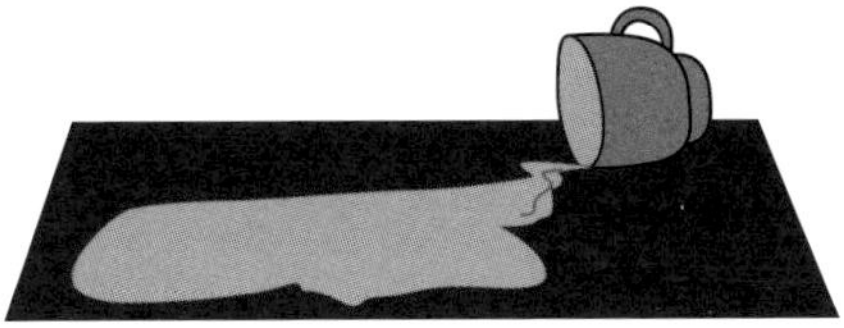

我打翻了他的水杯，他一定覺得我是個不小心的人了。

造成壓力

為了給人留下好印象，獲得他人的欣賞、好評與稱讚，從而努力迎合他人的期望，壓抑自己的某些需求。

雖然我有許多話想表達，
但與其說錯，不如不說。

結語

美國社會心理學家鮑邁斯特說：「對於人類來說，沒有比人更有趣的話題了。再者，對於多數人來說，最有趣的人正是他們自己。」自我覺知會讓我們有意識地設定目標、管理自己的聲譽和社會關係。作為社會中的人，我們的自我感覺與社會之間是相互影響。我們對自己的想法和感覺會影響我們對事件的解釋和回憶，也會影響我們對他人的反應，而他人的言行、態度也會影響我們的自我塑造。

除了焦點效應和透明度錯覺，心理學家還提出很多我們在自我覺知時的有趣現象。比如，社會環境會影響自我知覺，當一位女士發現身邊多數為男性時，她明顯地意識到自己的女性角色，並敏銳地注意到男士們對自己的反應；當一個亞洲人置身於歐美國家時，也會意識到自己的亞裔身份，並覺察到歐美人對自己的看法。又如，社會關係有助我們界定自我，每個人都是更換形象的高手，跟不同的人在一起，言行表現會迥然不同；跟家人在一起是一個樣子；跟朋友在一起是一個樣子；跟戀人在一起又是另一個樣子。

在當代心理學中，「自我」是最熱門的主題之一。正因為有自我概念，我們才可能回憶過去、評估現在並計劃未來。但心理學家馬克・利里卻認為，「自我更多的時候可能成為幸福生活的障礙」。

人類一思考，上帝就發笑

導致人們預測與判斷錯誤的因素

知人者智，自知者明

大多數人認為自己是最了解自己的人，但心理學家發現事實並非如此，因為在對未來做出預測時，我們容易受到以下因素影響，從而出現一系列錯誤。

1 規劃謬誤

研究發現，我們通常無法準確地預測完成一項任務的時間。預測完成任務所需的時間往往少於實際所需的時間。

大型工程的規劃謬誤

波士頓的大型高速公路建設項目，計劃需時 10 年，實際用上 20 年。

悉尼歌劇院的建設項目，計劃需時 6 年，實際用上 16 年。

日常生活中的規劃謬誤

婚姻

計劃：25 歲戀愛，28 歲結婚，30 歲生孩子。

實際：35 歲還是單身。

花錢

計劃：每月儲存約 2000 元，退休時身家過百萬。

實際：本月信用卡透支約 1000 元。

導致規劃謬誤的原因

- 對自己過於樂觀，缺乏自知之明。
- 對困難和障礙過於小看，缺乏謹慎之心。

相關研究顯示，我們在對自己進行預測時容易出現規劃謬誤，對他人進行預測時則不容易發生這種情況。

2 情緒預測的影響偏差

相關研究發現，我們通常無法準確預測自己的情緒，而是傾向高估情緒體驗的強度和持續的時間。

舉個例子

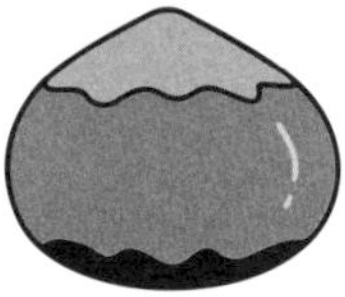

現實之愛，沒你想的那麼深……

熱戀時：你是我一輩子的唯一。

激情退去：你是我一輩子的N分之一。

現實之友情，沒你想的那麼真……

把酒言歡吐真情：兄弟們你有事，我必肝膽相照，兩肋插刀。

兄弟們你有麻煩：我請你吃一頓好的吧。

現實之餓，沒你想的那麼狠……

極度饑餓：老闆，每道菜都給我上一份！

吃飽：老闆，我要「打包」。

現實之不幸，沒你想的那麼痛……

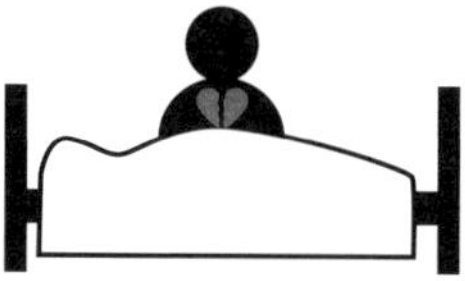

親人在時：失去你我會痛不欲生，一蹶不振。

親人不在：時間是最好的療傷藥。

現實之中獎，沒你想的那麼激動……

中獎前：我買的不是彩票，而是一輩子的幸福。

中獎後：空虛啊，無聊啊……

偏差產生的原因

冷熱共情缺口

處於「冷」（情緒未喚醒）狀態時，無法理解「熱」（情緒喚醒）狀態；反之亦然。

↓

白天不懂夜的黑。

過度聚焦

過度關注一段時間內的某件事，而忽略了其他事件及因素的作用與影響。

⬇

相愛未必就能在一起。

忽視意義構建

積極事件，特別是意外之喜帶來的新鮮感，很快會被納入我們的自我認知中，導致習慣和適應。

免疫忽視現象

心理學家威爾遜和吉爾伯特認為，我們通常會忽視自己的心理免疫系統，包括合理化策略、看淡、原諒和限制情緒創傷的速度和力量，從而變得容易高估喪失、挫折、被拒絕等帶給自己壓力與傷害的感覺。

3 盲目樂觀

一項針對 22 種文化下約 9 萬多人開展的研究顯示，大部分人對事物的看法偏向樂觀，而非悲觀。

在 2008 年全球性金融危機的背景下，研究者在世界範圍內進行了一項民意調查，結果發現大多數人預期未來 5 年自己的生活會遠遠優於過去 5 年。

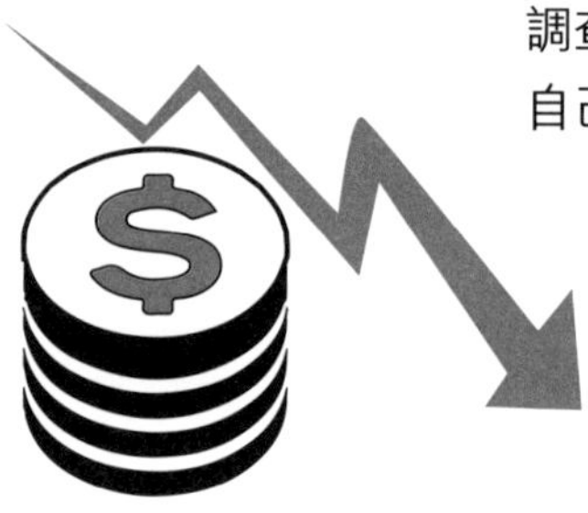

在 2000 年的一項調查中，50% 左右的高中畢業生相信自己能取得研究生學歷，而實際做到的比例僅為 9%。

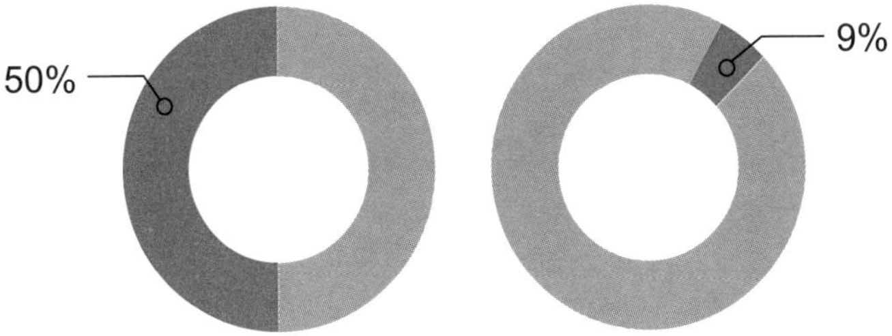

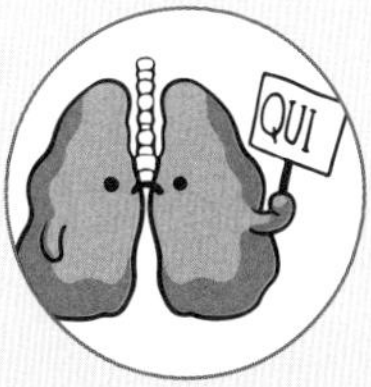

心理學家認為，盲目樂觀會影響我們對未來的判斷，讓人不去採取必要的預防措施，從而給自身帶來不利後果。

認為自己的意志超出常人的煙民更容易戒煙失敗。

我的意志很堅定

↓

戒煙失敗

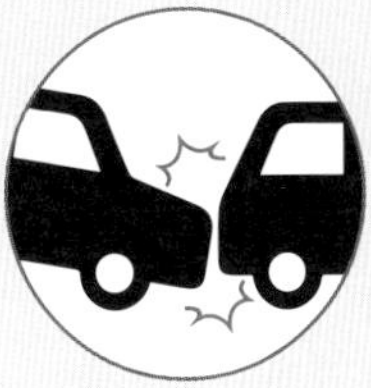

認為自己駕駛水平較高的年長司機，在駕駛測試中的失敗率是年輕司機的 4 倍。

我是年輕熟路的資深司機

↓

車禍

結語

常說：「沒有規劃的人生是拼圖，有規劃的人生才是藍圖。」但心理學家說，我們才是自己的陌生人。人人都看重自我，時刻留意他人對自己的看法，但自我認知存有局限性，導致我們在認識自我及預測自我的態度、情感和行為時發生錯誤。

規劃謬誤讓我們無法完成自己制訂的計劃；影響偏差會讓我們對事情的判斷過於樂觀或悲觀，從而做出錯誤決定，比如認為換一輛名車會有面子，但當車子買到手卻懊悔自己的決定太輕率。盲目樂觀也會讓我們做出錯誤的決定，從而陷入被動的局面。那些盲目的投資者、瘋狂的炒股者，以及一輸再輸卻還要下賭注的賭徒，都有盲目樂觀的心理。

理查德．巴赫說：「正視你的局限性，毫無疑問它們是你的。」我們只有承認規劃謬誤、影響偏差、盲目樂觀等錯誤的存在，才有可能遠離它們。

心理學家提出克服的方法，周詳地思考未來可能發生的問題，在制訂計劃時多參考過去在相似情境下的行為。在面臨新任務時，按照預計時間和開銷的 130% 至 150% 來制訂計劃和預算，就可以有效減少規劃謬誤。而防禦性的悲觀主義，如養成居安思危的思維習慣，則有助克服盲目樂觀，讓行為變得更加謹慎。

只要我們能謹記情緒預測的情感偏差，遇到問題時便有意識調整自己的心態，減輕影響偏差的程度。

沒有最自戀，只有更自戀

自我服務偏差

1

好結果全憑努力，壞結果都因運氣。

在看待成敗的問題上，我們傾向把好的結果歸因於自己，而把壞的結果歸因於外在環境。

經過不懈的努力，終於抵達人生巔峰！

今天真倒霉，運氣真差！

2

成功是我的功勞，失敗是你的責任。

在團隊合作中，我們傾向於把功勞歸為己有，而把責任推給他人。

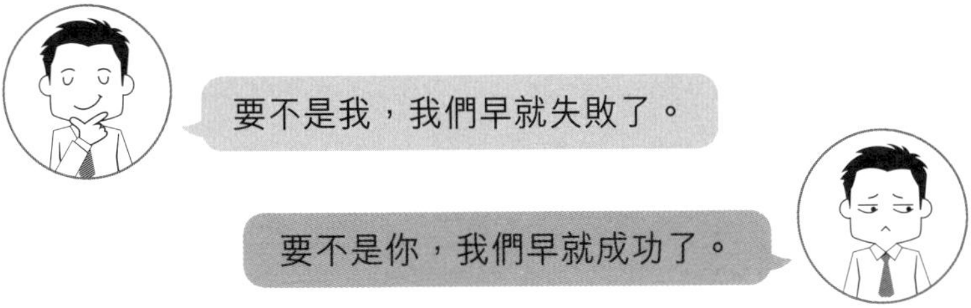
要不是我，我們早就失敗了。
要不是你，我們早就成功了。

3

我一直都在付出，你一直都在索取。

在婚姻中，夫妻雙方都傾向高估自己的付出與貢獻，並忽視對方的付出。

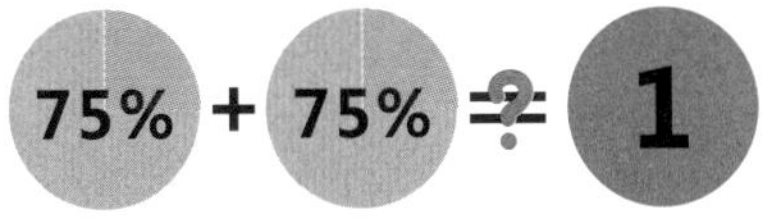
75%
+
75%
?
1

我承擔了 75% 的家務。
我承擔了 75% 的家務。

4

就算不是最優秀，我至少比一般人強。

在自我評價時，大多數人都傾向認為自己在各方面的表現要高於平均水平。在一項針對澳洲人的調查中，86% 的人認為自己的工作業績高於平均水平，只有 1% 的人認為自己在水平線之下。

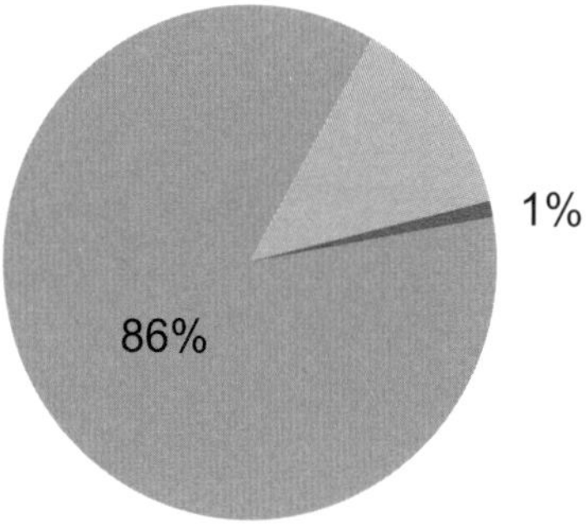

有一件東西是所有人都有的，無論年齡、性別、種族、經濟地位或宗教背景，那就是在每個人的內心深處都相信，我們比普通人要強。

——專欄作家戴夫·巴里

5

我的優點非比尋常，我的失誤遍地可見。

我的思想深邃如宇宙，一般人根本理解不了。

我是撒謊了，可是在這種情況下，
大家都會這樣做。

虛假普遍性效應

在能夠反映自己獨特的地位、品位、遠見、智識等事情上，我們傾向低估他人會像自己一樣思考或行事；而當做錯事、遭遇失敗時，我們則傾向估計他人會像自己一樣思考或行事。這就是虛假普遍性效應。

結語

自我服務偏差是全人類共有的普遍現象，早在古希臘，劇作家就在舞台上演繹了人類的傲慢與偏見。自我服務歸因、盲目樂觀、虛假普遍性效應，都是自我服務偏差的表現。

有心理學家認為，自我服務偏差是人們記憶有關個人訊息的副產品，同時，自尊動機也會促進自我服務偏差的出現。簡言之，自我服務偏差其實是我們對自己及所在群體的讚許性偏見，這種偏見會讓我們無法客觀地看待自己，從而變得驕傲自滿，並影響所作出的決定，但它也有好處。

研究發現，自我感覺良好的人可以免受抑鬱的傷害；在遭遇壓力時，樂觀的人往往具有更強的復原力。心理學家格林伯格認為，良好的自我感覺和安全感可以消除我們對死亡的恐懼。此外，社會心理學家戴維·邁爾斯則說：「認為自己比真實中的自我更聰明、更強大、更成功，這也許是一種有利的策略……對自我的積極信念，同樣會激發我們去努力（自我實現的預言），並在困境中保持希望。」

你好，自尊！

他人對自尊的影響

1

自尊是一個人靈魂中的偉大槓桿

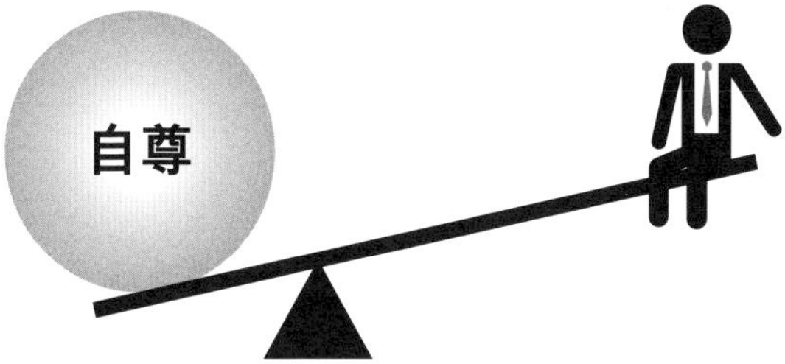

自尊的三個維度

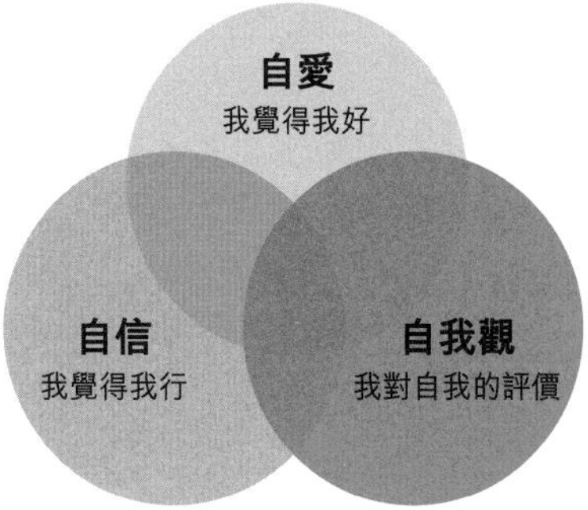

高自尊		低自尊	
不論好與壞，我都無條件愛自己。 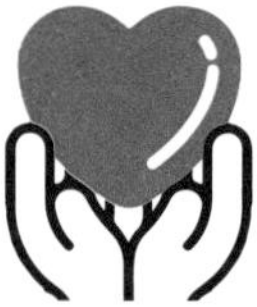	自愛程度 	我不喜歡自己，不配去愛與被愛。 	自愛程度 
我的未來不是夢。 	自信程度 	我不相信自己，只能被命運左右。 	自信程度 
我就是我，是不一樣的煙火。 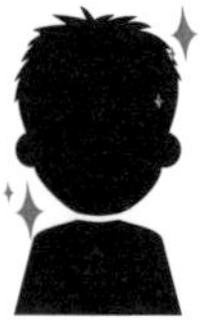	自我評價 	我很差勁，我很失敗。 	自我評價 

2

低自尊有低自尊的盔甲，高自尊有高自尊的軟肋。

穩定的高自尊

朗費羅

一個自重的人恰似身披盔甲，任何東西都無法將它戳穿。

——美國詩人朗費羅

- 鐵打的自愛與自信，不懼嘲笑，不怕否定。
- 酒香不怕巷子深，所以不吹噓；身正不怕影子斜，所以不辯解。
- 你批評我？好，願聞其詳！

不穩定的高自尊

伏爾泰

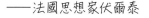

自尊心是一個膨脹的氣球，戳上一針就會發出大風暴來。

——法國思想家伏爾泰

- 愛自己，但不堅定；信自己，時而又懷疑。
- 別誇讚我，我會飛起來；別批評我，我怕受刺激。
- 沒事時吹噓，有事時辯解，是維護自尊的法寶。

穩定的低自尊

拉羅什福科

假如沒有自信心，你永遠不會有歡樂。

——法國作家拉羅什福科

- 我很差勁，也很失敗。
- 我不喜歡自己，更沒人喜歡我。
- 好事純屬幸運，失敗才理所當然。
- 我多想成為別人。
- 算了吧，這是不可能的！

不穩定的低自尊

盧梭

根本不該為取悅別人而使自己失敬於人。

——法國思想家盧梭

- 叢林危險，野獸兇猛，時時處處都得謹慎小心。
- 誇讚我吧，我需要誇讚的力量，雖然我不夠好，也不夠聰明。
- 但我相信，咬着牙前行，總能抵達光明！

3

自尊從來不是一個人的事

- 在社會比較中，發現自己在某方面與他人相比處於劣勢時，會使我們的自尊受到威脅。

哥哥：年薪 20 萬元
妹妹：年薪 15 萬元
自己：年薪 5 萬元

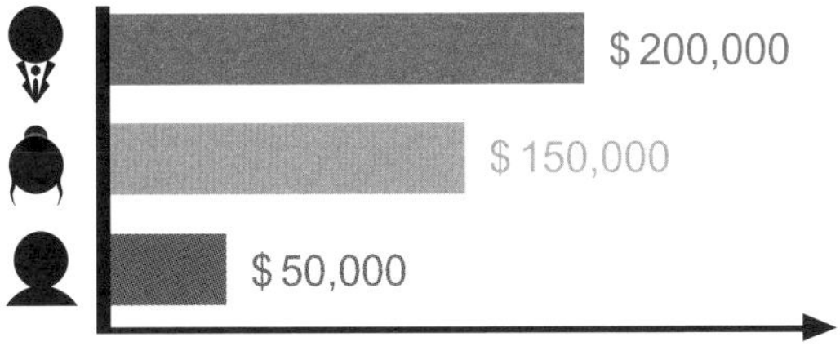

高自尊的反應	他們運氣比我好。堅持努力，我會比他們更好。
低自尊的反應	我能力太差。努力也沒用，我命該如此。

心理學家發現，自尊的威脅容易發生在關係親近的人身上，如家人和朋友之間，因為這些人的成功比陌生人的成功更具威脅性，從而導致彼此關係的緊張。

當自尊受到威脅，暗中較量就拉開了序幕。

美國畫家傑克遜．波洛克，青年時學畫不被別人看好，處境不佳的他寄居在同為畫家且小有成就的哥哥查爾斯家中，受到很多照顧與幫助。但傑克遜對大哥心存嫉妒，有一次居然酒後用斧頭砍破了哥哥的一幅油畫。後來，傑克遜獲得成功，名聲大噪，一向對他照顧有加的哥哥查爾斯卻與他漸行漸遠，關係變得日漸冷漠。

傑克遜．波洛克

- 當我們遭到社會拒絕時，自尊會受到威脅。研究證實，社會拒絕會降低我們的自尊，同時增強我們渴望被接受的意願。

我有那麼差勁嗎？
我要怎麼做，才能被接受？

4

當高自尊遇上高自戀時

高自尊有利於培養主動、樂觀和愉快的感覺，但如果混雜了自戀，就會變成對他人具有攻擊性的危險人物。

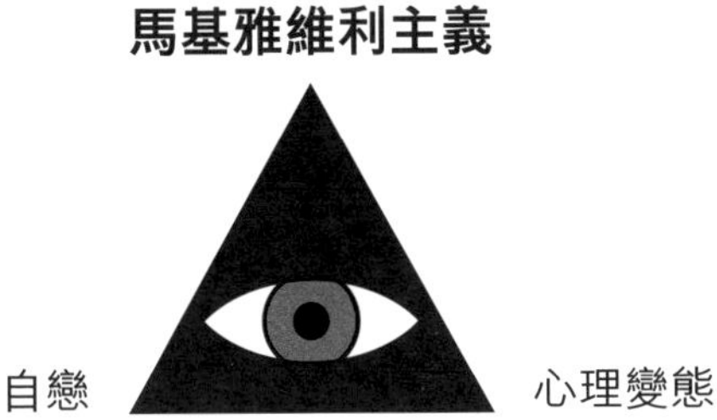

5

比被人輕視更難受的是自己輕視自己

低自尊者的內心獨白

我不行……
我不能……
我不好……
我不配……
我不喜歡自己，不喜歡我的一切……
我想要別人的頭髮、別人的身材、別人的爸媽……
孤獨是注定的，失敗是注定的。
未來黯淡無光，只剩下絕望。

低自尊的危害

行為

畏首畏尾、膽小怕事、不敢愛、不敢恨、不敢表達、不敢追求，與機遇失之交臂。

情緒

悲傷、抑鬱、自責、內疚、沮喪、絕望。

身體

容易疲勞、萎靡不振、緊張不安。

學業、工作

迴避挑戰，表現不佳；因為害怕失敗而拼命努力，卻不能肯定自己的成就，無法享受箇中樂趣。

人際關係

對別人的批評和拒絕格外敏感；害怕交際，迴避親密關係；或竭力討好他人，以贏得他人的喜愛。

6 恰如其分的自尊

太高的自尊容易受傷，太低的自尊容易自我輕視和抑鬱。只有恰如其分的自尊，才能讓我們勇敢做回自我，並獲得真正的快樂。

恰如其分的自尊

我不是完人，但仍值得被愛與尊重。
我不是超人，但仍相信努力可以改變命運。
我有我的優點，你有你的長處。
你有你的夢想，我有我的追求。
歡迎你的批評和建議，但別企圖左右我的人生。
我不贊同你的觀點，但誓死捍衛你說話的權利。

7 自尊值得擁有，但不要強求。

心理學家研究發現，自尊建立在內部因素，如個人品德上，若自尊建立在外部因素，如美貌、財富、名利等方面的人，其自我價值感更脆弱。想通過追求外在條件來提高自尊心，我們容易感受到更多的挫折與壓力，卻無法享受過程中的快樂。

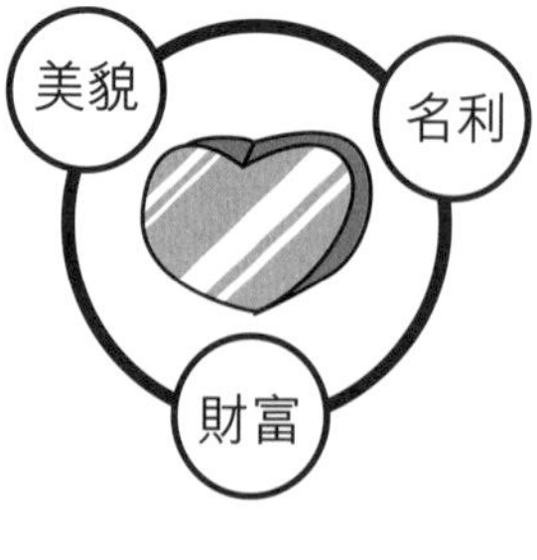

結語

自尊是構成「自我」的一個重要維度。每個人都渴望獲得自尊，它是我們實現自我提升的動力。自尊的理論有很多，如低自尊、高自尊、整體自尊、具體自尊、特質自尊、狀態自尊、條件自尊、無條件自尊、內隱自尊、外顯自尊等。

法國心理學家克里斯托夫·安德烈提出「恰到好處的自尊」這概念，認為太高或太低的自尊都會對我們的生活造成不良影響，只有好好把握自尊的「高」和「低」，我們才能不卑不亢，做更好的自己。

儘管高自尊和低自尊各有弊端，但心理學家認為，比起高自尊，低自尊的危害更大，它與抑鬱症、焦慮症等精神問題有密切的關聯。關於低自尊，英國心理學家梅勒妮·芬內爾在《克服低自尊》一書中指出，我們的早期經歷，如遭受拒絕、忽視、虐待、批評和懲罰，缺少稱讚、關注、溫暖，被邊緣化等，會導致他們產生消極的自我評價，類似「我很差」、「我一無是處」，並由此而生起消極的論斷，因而有一系列生活和處世之道，如「不能反駁他人」、「不能表達新觀點」、「只有把他人看得比自己更重要，才能被他人喜愛」等。

那些美化自我的小心機

自我印象管理的方式

我很在乎別人怎麼看，為給大家留個好印象，我需要施展如下法術。

1 自我妨礙術

有人出於嫉妒會阻礙他人成功，我卻為了自我保護阻礙自己成功。

明天有一場非常重要的比賽，所以今夜我……

通宵看電影

用酒把自己灌醉

洗一個凍水澡讓自己感冒

自我妨礙的「怪招」

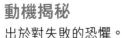

1. 事前故意不做好準備；
2. 給對手提供有利條件；
3. 在任務開始時不好好幹；
4. 在遇到困難時不盡全力。

動機揭秘

出於對失敗的恐懼。

自我妨礙者的內心獨白

萬一失敗了……

當我全力以赴時，別人會認為我之所以失敗，是能力不夠。
當我不盡全力時，別人會認為我的失敗情有可原：
1. 他壓根兒不重視，失敗了不足為奇；
2. 對手佔據有利條件，失敗了不能怪他；
3. 不是他做不好，而是他壓根兒沒想做好；
4. 不是他做不成，而是他沒下功夫。

萬一成功了……

當我全力以赴時，別人會說：「一分耕耘，一分收穫。」
當我不盡全力時，別人會說：「哇！真是一個天才！」

顯然，虛榮心讓我們更樂意接受「天才」的稱讚。

2 浮誇的表演術

自我表現是我和別人溝通的窗口。為得到別人的讚許，我必須充分發揮演技。

為了維護自我形象，有時我不得不。

3

變成一條「變色龍」

把有意識的自我表現當成一種生活方式，隨機應變。

別人眼中……

陽奉陰違、違心奉承、虛偽、自我吹噓

我的內心……

我反對、你真不行、我最棒、我沒自信

我的表現……

我贊同、你很棒、相信我，沒錯的

結語

「他說的是真心話嗎？」、「他的自信是真的，還是裝的？」、「他是真的贊同，還是嘴上說說？」我們大都清楚自己內心的感受和想法，對他人的言行卻常常感到疑惑不解。要了解他人行為背後的動機，就得了解他人是如何對自己進行印象管理。

印象管理，意即我們會通過有意識地約束、控制自己的言行，來管理自己在他人心中的印象。心理學家認為，自我表現的印象管理可能會改善我們的心情，因為人的行為會影響態度，當我們竭力向他人展現自己「最好的一面」時，自我感覺也會明顯變好。但自我表現是一種高耗能的表演。研究發現，自我表現會消耗能量，導致效率降低，這解釋了那些致力於經營外在形象的人，往往很難有精力提升自己的專業技能和內在素養。

儘管人們為印象管理費盡心思，但要讓自己顯得聰明、機智又謙遜、誠實卻非易事。誠如戴維 · 邁爾斯所言：「我們大多數人處於行騙專家式的高自我監控和頑固的低自我監控兩個極端之間。」當我們對成功沒有把握，又非常害怕失敗帶來的壓力時，就會採取自我妨礙的方式來「挽回」因擔心而可能會喪失的尊嚴。此外，為了吸引他人的注意、得到他人的關心和接納，有些人還不惜做出酗酒等傷害自己的行為。

Chapter 03

認識你身處的世界

「我」眼中的社會

為甚麼看完恐怖片，世界變得更可怕？

啟動效應

1

汽車的啟動需要一台發動機，你的啟動只需一個小刺激。

我們的記憶是一個互相聯結的網絡，而啟動就是喚醒或激活其中的某些特定聯結。

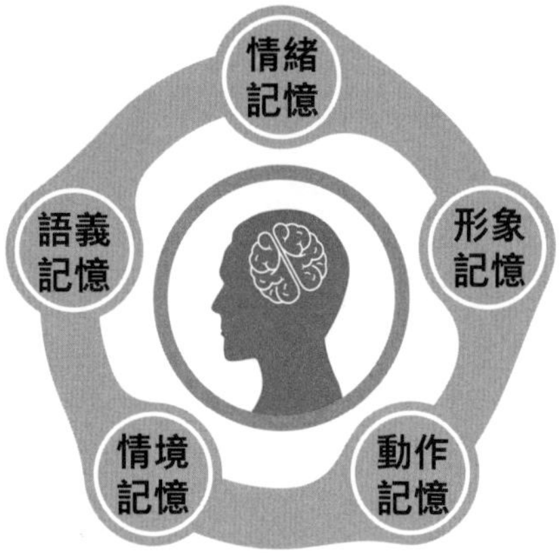

念頭像骨牌，會一個啟動另一個，最終啟動某個行為。

看見一個乞丐

他好慘，
他為甚麼會這樣？
是不是遭遇了甚麼不幸？
我會遭遇不幸嗎？
如果有一天我也變成這樣……
我希望別人能幫我，
我還是幫幫他吧。

看單詞會影響走路速度？

心理學家約翰·巴奇讓被測試的大學生玩一個簡單的文字遊戲。遊戲規則：從五個詞組中挑選出四個來造句；在這些詞組中，有一半與年老有關（年老、退休、孤獨、健忘、禿頂、滿臉皺紋等）。結果，這一組在完成任務後，走出房間的速度明顯慢於其他組。

結論：概念會啟動行為。

但是，未完待續……

當研究人員把上述實驗的次序倒過來，先讓大學生在屋子裏以每分鐘 30 步的速度（相當於正常速度的三分之一）行走，然後讓他們看單詞。
結果，他們更容易辨認出與年老有關的詞組。

結論：行為會啟動概念。

2

每一天，每個人都要被啟動無數次。

我們看見的、聽見的、聞到的、觸摸到的，都可以啟動我們的記憶和情緒，讓我們做出相關行為。

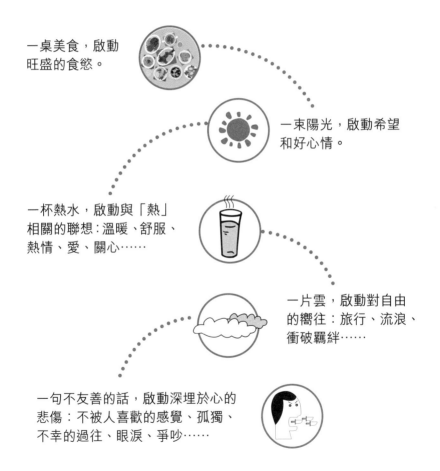

一桌美食，啟動旺盛的食慾。

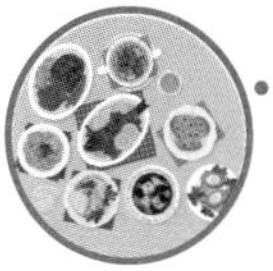

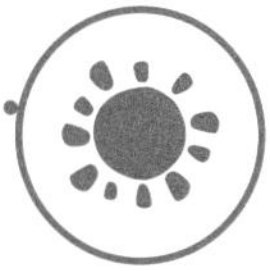

一束陽光，啟動希望和好心情。

一杯熱水，啟動與「熱」相關的聯想：溫暖、舒服、熱情、愛、關心……

一片雲，啟動對自由的嚮往：旅行、流浪、衝破羈絆……

一句不友善的話，啟動深埋於心的悲傷：不被人喜歡的感覺、孤獨、不幸的過往、眼淚、爭吵……

一部恐怖電影，會啟動你內心的恐懼，讓你產生「草木皆兵」的錯覺。

路人的眼神：他看上去像個罪犯。他好像有甚麼企圖。
風吹門響：誰進來了？！他在哪裏？
晃動的影子：甚麼怪東西？甚麼跟着我？
水滴聲：甚麼聲響？好恐怖！

於是，你趕緊跑進屋子，把窗門關得密密的，用被子蒙住頭。當你做完這一切之後，你企圖擺脱恐懼的行為，讓你的世界變得更恐怖了。

3

讓「啟動」打開你的人生格局

對別人微笑
啟動他人對幸福與美好的聯想
受美好情緒的感染，你也會跟着美好起來。
在辦公桌上擺勵志名言
相信自己我能
啟動自己對美好未來的嚮往
以更積極的情緒投入工作中
把家佈置得舒適宜人
啟動自己的好心情
更溫和、親切地對待每一個家人，並認為他們也是溫和、親切的。

結語

啟動效應是普遍存在於我們日常生活中的一種現象，目前已有大量研究的證實。除了約翰．巴奇的「文字遊戲」，美國心理學家霍蘭德和同事利用清新劑設計了一組實驗。

該實驗先安排實驗者進入充滿清新劑味道的環境中，他們能迅速辨別出與清潔相關的詞語。之後他們發現，當身處有清新劑味道的環境的被試者回憶一天的活動時，更能聯想一些與清潔有關的行為。

不少心理學實驗發現，沮喪的情緒會啟動負性聯結，而美好的心情會啟動樂觀情緒。同樣道理，看有暴力鏡頭的電影，會啟動我們跟攻擊相關的聯結，在解釋行為時傾向認為它存在攻擊性。

實驗還發現，即使是意識無法捕捉的刺激，也會誘發啟動效應。比如，在屏幕上以極快的速度呈現一個表示顏色的詞後，再在屏幕上呈現該顏色，我們會更快辨識出該顏色；但如果屏幕上以極快的速度呈現表示黃色的詞，實際呈現的卻是藍色，我們辨識藍色的時間會比平時長。

但美國心理學家菲利普．津巴多提醒，所謂的「閣下廣告」、「閣下説服」是蠱惑人心的偽心理學，因為各人在感受事物時有不同的局限；廣告名為「閣下」，實際上對許多人而言是「閣上廣告」，而閣下刺激能產生啟動效應，但未必能影響我們的購買行為。

人們都活在「因為……所以……」的世界

歸因因果

1 可解釋的世界

歸因是我們了解世界、了解他人的一種方法。在解釋事件或他人的行為時，我們有些歸因於性格，有些則歸因於情境。

歸因於性格
他高興是因為樂觀。
他成功是因為努力。
歸因於情境
他高興是因為遇到好事。
他成功是因為運氣好。

2

通過行為看人品

● 心理學家瓊斯和戴維斯指出，我們可以通過別人的行為來判斷其目的和意圖。

她總是笑咪咪。

她是一個和善的人。
她脾氣很好。

● 他人不尋常的行為，能讓我們更多地了解對方。

一直笑咪咪，
突然有一天變惡。

她是不是遇到甚麼
煩心事？

3

理性判斷三部曲

1. 一致性：在這種情況下，個體總是表現出這種行為嗎？
2. 區別性：在不同情境下，個體是否會表現出不同的行為？
3. 共同反應：其他人在這種情境下是否也會表現出這種行為？

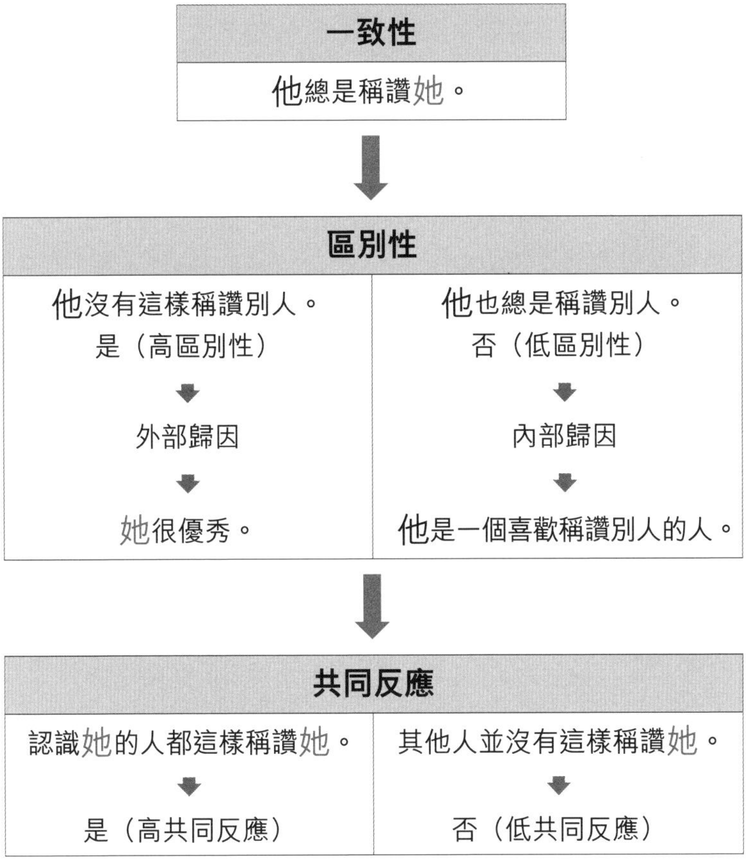

4

你以為這樣不等於是這樣

社會心理學家發現，當我們觀察別人的行為時，對方頓成我們注意的主體，使我們忽視環境因素，因而導致基本歸因錯誤。

- 在解釋他人行為時，我們會低估環境造成的影響，而高估個人特質和態度造成的影響。

他遲到。

⬇

他是一個不守時的人。

- 在解釋過去和未來的行為或反應時，過去與未來的自己成了「他人」，我們也會高估個人特質，而低估環境對行為的影響。

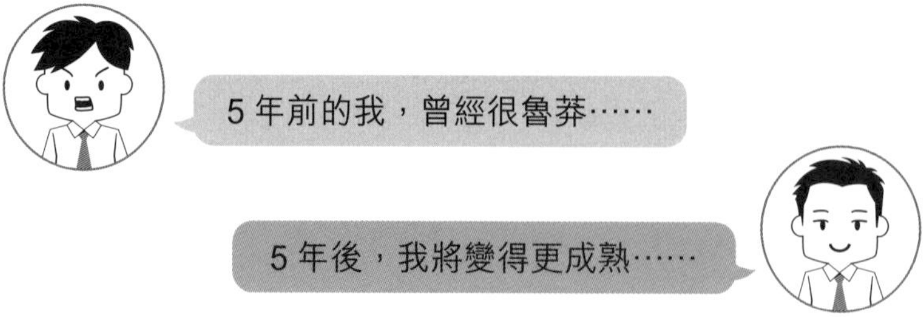

5 年前的我，曾經很魯莽……
5 年後，我將變得更成熟……

結語

歸因理論正是我們闡釋自己與他人行為的一個重要的社會認知理論。

美國社會心理學家海德乃歸因理論的奠基人，他在著作《人際關係心理學》提出歸因理論，指出人們的行為可以歸為兩方面的因素：第一是內因，即本身的因素，如需要、能力、情緒、興趣、性格、態度、信念、努力程度等；第二是外因，即情境，或者說環境的影響，如他人的期望、獎勵、懲罰、指示、命令、天氣、工作難易程度等。這種對行為原因的「個人與環境」的劃分，成為歸因理論的基礎，對後來的研究影響深遠。

海德認為，我們在進行歸因時，通常使用不變性原則，即尋找某一特定結果與特定原因之間的不變聯繫。如果某特定原因在許多條件下總是與某種結果有關，當特定原因不存在時，相應的結果也不出現，那麼就可以把特定結果歸結於那個特定原因。

此後，美國實驗心理學家瓊斯和戴維斯對歸因理論進行擴充，形成「對應推論」並指出，我們的外顯行為是由內在的人格特質直接引起，當進行個人歸因時，可以從行為及其結果推斷出行為的意圖和動機。

但有三個因素會影響對應推論：第一，非共同性結果，即所選行動方案有不同於其他行動方案的特點。比如一個人關上窗，穿上外套，可以推斷他感到涼；如果只是關窗則無法推斷他是因為怕涼。第二，社會期望。當一個人的表現符合社會期望時，我們很難推斷他的真實態度；相反，當一個人的行為不符合社會期望或不為社會所認可時，該行為很可能與其真實態度相對應。第三，選擇自由。只有當一個人的行動出於自由選擇時，我們才能從其行為推論出他的真實態度。

此外，歸因理論還有凱利的「三度理論」、韋納的「成就歸因理論」、阿布拉姆森等人提出的歸因理論等。

三度理論認為，我們在歸因過程中總涉及三方面的因素：客觀刺激物、行動者、所處的關係或情境。而這些因素中，任何一個因素的歸因，都取決於行為的三個變量：一致性、一貫性和區別性。

韋納的成就歸因理論是在承認海德關於內因、外因理論的基礎上，增加了暫時、穩定、控制點這三個維度。他認為，這三個維度，在形成期望、預測未來的成敗上至關重要。此外，阿布拉姆森等人提出的理論，則是根據習得性無助，在韋納理論的基礎上，對失敗的歸因進行補充，增加了普遍、特殊這兩個觀察維度。

這些歸因理論不僅解釋了我們了解世界的方式，亦為我們提供了更為可靠的方法去理解世界、認識他人。

信念真的可以控制世界嗎？

社會期望的影響

1

信念可以改變世界，是痴心妄想，還是社會現實？

一家正常營運的銀行，如果人們相信它即將倒閉，

大家紛紛排隊取錢，銀行裏的儲蓄被抽空，

「銀行倒閉」這錯誤判斷就成了事實。

如果人們相信它會越來越好，

大家紛紛排隊存錢，銀行不斷發展壯大，

「越來越好」這錯誤判斷就成了事實。

自我實現預言

羅伯特

社會學家羅伯特通過實驗發現，社會信念會影響我們的感受和行動。當我們的行動使起初的信念變成現實時，就成了自我實現預言。

2 正在被信念默默改變的生活與世界

教師期望效應

教師的期望和評價會影響學生的表現，更高的評價會導致更優秀的表現；反之亦然。

理查德·米勒的實驗

被連續八天稱讚整潔和乾淨的兒童，兩星期後他們會將 80% 的垃圾放進垃圾桶，比平時高 35%-65%。

行為確證

心理學家通過實驗發現，一旦形成錯誤的社會信念，就可能引發他人做出某些行為來支持這些信念。這就是行為確證。

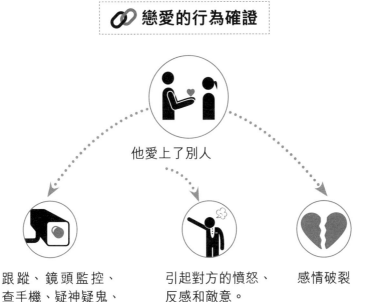

戀愛的行為確證

跟蹤、鏡頭監控、查手機、疑神疑鬼、說話裏「有骨」。

引起對方的憤怒、反感和敵意。

感情破裂

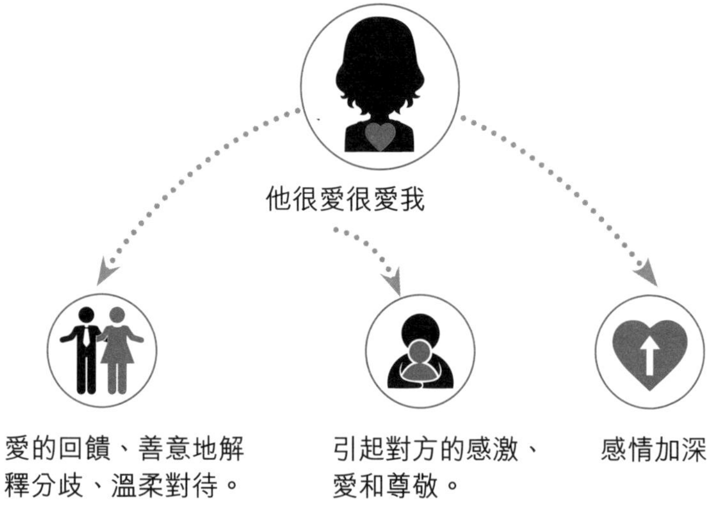

他很愛很愛我
愛的回饋、善意地解釋分歧、溫柔對待。
引起對方的感激、愛和尊敬。
感情加深

社交的行為確證

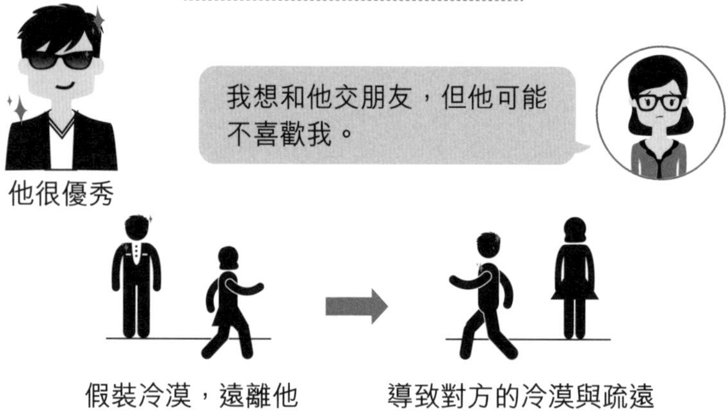

我想和他交朋友，但他可能不喜歡我。

假裝冷漠，遠離他
導致對方的冷漠與疏遠

看，他果然不喜歡我！

心理學家認為，對熱情的自我保護性抑制會破壞一些可能建立的關係。

結語

20世紀中葉，美國著名社會學家羅伯特最先提出「自我實現預言」這概念。他講了一個由「自我實現預言」而導致銀行倒閉的故事：一家銀行原本資金充裕，經營、管理等方面也沒有問題，可是，由於人們相信這家銀行即將倒閉的謠言，紛紛到銀行排隊提取現金，最終使這家銀行倒閉。

在現實生活中，「自我實現預言」無處不在。不論是他人對我們的期望、判斷和態度，還是我們對自己的期望、預期和信念，都會對我們的行為造成影響，從而改變事件的結果。

人們常説一些祝福的話語，如「心想事成」、「美夢成真」。心理學家已經證實，由於「自我實現預言」、「期望效應」、「行為確證」等現象的存在，許多事情的結果的確會變成人們所想的那樣。不好的期望會導致壞的結果；良好的期望則會導致好的結果。由此，在生活中，為了得到好的結果，我們可以有意識地改變對他人和自己的期望，用更加肯定的、積極的、具有鼓勵性的態度來處理問題。

話說回來，並非只要擁有良好的願望，就可以夢想成真；而不被別人看好，也不一定不會成功。

心理學家羅森塔爾和雅各布森通過實驗發現，以「教師的期望效應」為例，教師「良好的期望」之所以會導致「學生優異的表現」，其實是有原因的：當實驗者謊稱某幾個隨機挑選的學生智力超常時，教師會有意無意地格外關注這幾個學生，給予他們更多的肯定、微笑，並給予他們特殊的輔導和關照。實驗中，這幾個學生在隨後的 IQ 測試中成績飛躍，與得到「特殊待遇」不無關係。相反，那些不被教師看好的學生，成績得不到提高，可能是受到教師的忽視和冷落所導致。

羅森塔爾做過一項調查，發現近 500 個已發表的研究中，僅有約 40% 可以驗證期望明顯影響了行為。結論是，較低的期望並不會毀掉一個有能力的孩子，而較高的期望也不會像魔術般將一個資質普通的人培養成天才。

為甚麼有那麼多「偽君子」？

外顯態度和內隱態度

1

你是一個「偽君子」嗎？

「偽君子」在人們心目中的普遍定義：

根據丹尼爾．巴特森的「道德偽善」實驗，人群中可能有 80% 以上的人是「偽君子」。

研究者給 20 個實驗者兩項任務：

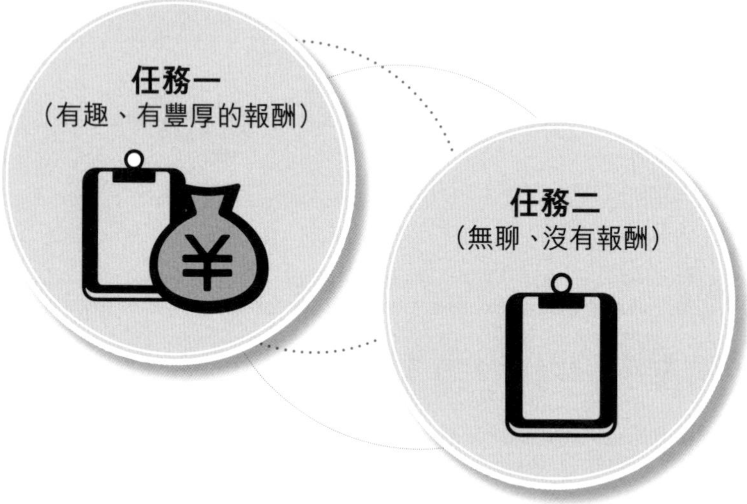

實驗者需要對兩項任務進行分配：一項分給自己，另一項分給別人。

實驗者的態度 **實驗結果**

1 人認為應該把任務一留給自己；
19 人認為應該把任務二留給自己。

80% 的人把任務一留給了自己。

2

為甚麼我們會言行不一？

社會心理學家艾倫·威克發現，通過人們表現出來的態度很難預測他們的各種行為。

態度表達受外部因素影響
（說出來的態度不等於真正的態度）

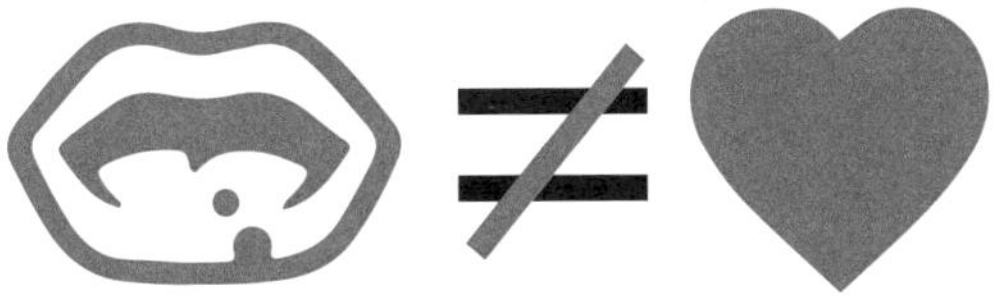

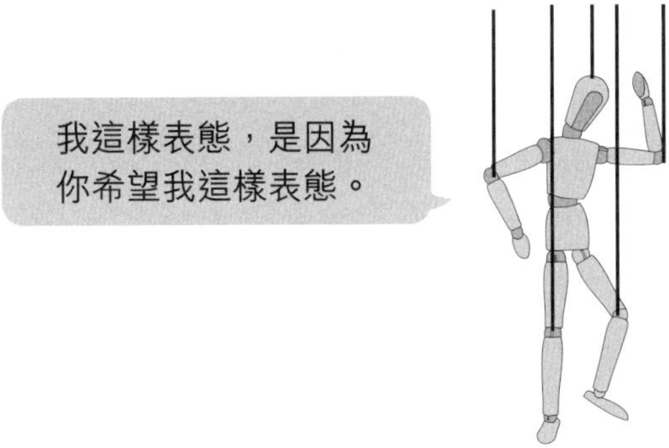

我這樣表態，是因為你希望我這樣表態。

我這樣表態，是因為不這樣表態會受到指責。

3

態度真的與行為無關？

● 相關實驗證明，當我們思考自己的態度時，態度會影響行為。

「我說過我會支持他，
我就得支持他。」

做出支持他的舉動。

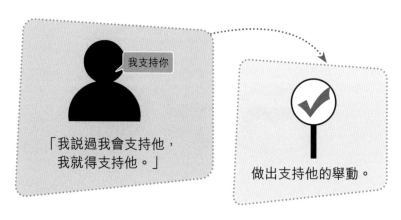

● 當我們的態度源於經驗，而非道聽途說時，更容易影響行為。

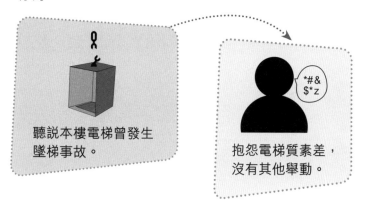

聽說本樓電梯曾發生
墜梯事故。

抱怨電梯質素差，
沒有其他舉動。

自己或家人曾
遭遇困電梯。

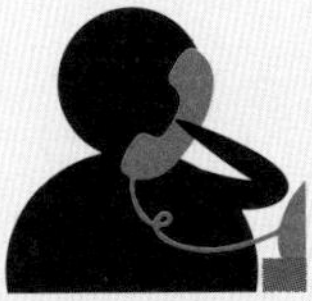

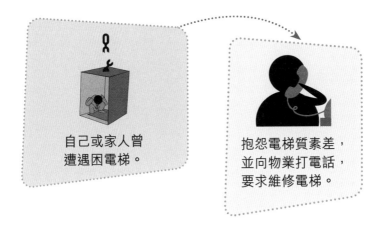

抱怨電梯質素差，
並向物業打電話，
要求維修電梯。

4

態度何時具有預測性？

- 心理學家認為，我們的態度由外顯態度和內隱態度構成，通過兩種態度來綜合預測行為，比單獨使用其中一種更準確。

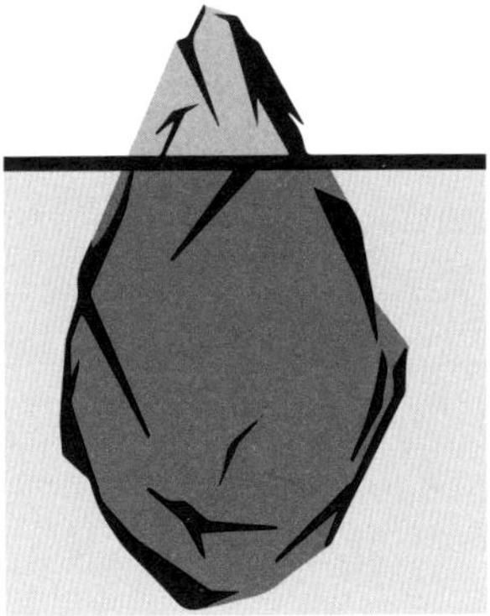

有意識的、自我報告的態度能較好地預測人們的消費行為。

無意識的、自己也不清楚的態度能較好地預測人們內在的態度。

- 人們的態度能較準確地預測其總體的或通常的行為，而非單獨的某次行為。

「我喜歡這家服裝店。」這一次不一定購買，但今年很可能會在店裏購買需要的服裝。

- 人們的態度能較準確地預測某個具體與情境相關的行為，而非籠統的行為。

「我認為要保護環境。」無法預測他是否會或者會具體做出哪些保護環境的行為。

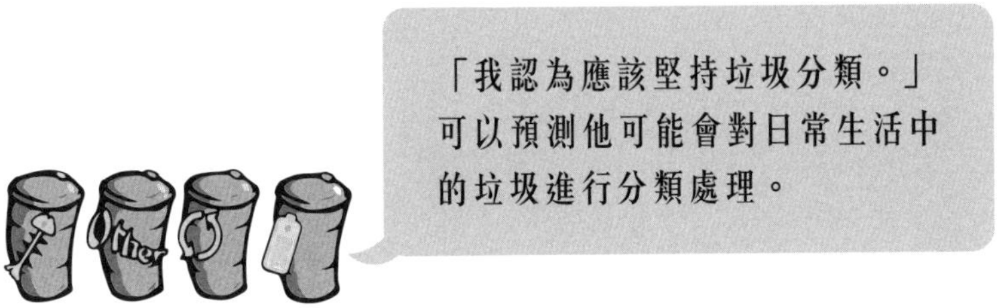

「我認為應該堅持垃圾分類。」
可以預測他可能會對日常生活中
的垃圾進行分類處理。

計劃行為理論

阿耶茲和菲什拜因認為，個體的態度、知覺到的社會規範和控制感，共同決定了個體的動機，從而指導個體的行為。

對於行為的態度
鍛煉有利於健康

同事都利用週末時
間行山鍛煉身體

下週末去行山
感知到的控制感
每週行一次山對我
來說很容易

結語

19 世紀中葉，英國社會學家斯賓塞和心理學家貝因最先提出「態度」的定義，認為態度是一種先有主見，是把判斷和思考引導到一定方向的先有觀念和傾向，即心理準備。

在斯賓塞之後，美國心理學家奧爾波特、克瑞奇、巴克、邁爾斯等人，先後提出不同的定義。其中，邁爾斯對態度的定義較為完善。他認為，態度是個體對某一特定客體做出的喜歡或不喜歡的評價性反應，由情感、行為意向和認知這三個要素構成。一般情況下，態度的三種成分是協調一致的;當它們不協調時，情感佔有重要的地位，往往會決定行為傾向。

研究者指出，態度具有四大功能：第一，工具性功能（我對你的態度那麼和善，是因為希望能跟你交朋友）；第二，自我防禦功能（我對你態度冷漠，是因為害怕接近你而遭到拒絕）；第三，價值表現功能（我不反對，是希望給人留下好印象）和第四，認知功能（我採取迴避態度，正說明這件事很麻煩）。

此外，研究者還提出研究態度的五大維度：第一，方向（是/否、贊同/反對、接納/拒絕、喜歡/厭惡等）；第二，強度（輕微/十分/完全）；第三，深度（個體對某態度對象的捲入水平）；第四，向中度（某種態度接近核心價值的程度）；第五，外顯度（行為方向與行為方式的外露程度）。

關於態度的研究還有很多，而態度與行為的關係是社會心理學家感興趣的課題之一。雖然流行的觀點通常認為「態度決定一切」，但社會心理學家們卻發現，由於人們的態度會受到各種因素的影響，而形成某種行為的原因往往錯綜複雜，普遍情況下，態度並不能很好地預測行為，改變我們的態度也不能在很大程度上改變我們的行為。

不過，研究者並不否定態度在某些情況下對行為的預測作用。他們認為，當態度與行為同時滿足以下三個條件時，態度可以較好地預測行為：第一，將態度之外其他影響行為的因素最小化；第二，態度與預測的行為緊密相關；第三，態度是強有力的。

先有態度，還是先有行為？

行為對態度的影響

你也許以為態度決定了行為，但社會心理學家卻發現以下一些相反的事實：

1 為所做的事貼上意義的標籤

很多事並非我們先考慮好它的意義和後果才去做，而是在做完之後，我們才給它貼上意義的標籤。

神經外科醫生約瑟．德爾加多用遙控裝置讓病人轉頭。雖然轉頭是被遙控的，但病人卻會為自己轉頭的動作作出許多解釋：

認知失調理論

我們總有保持認知一致的傾向，當兩種想法或信念不一致，或態度和行為不一致時，我們就會感到緊張與不適。

- 為了減少這種不適，我們會努力調整自己的觀念與態度。
- 當我們的行為理由不足時，我們更有可能感到不適，更加相信自己的所作所為。

2

屁股決定腦袋

不論最初是不是那樣的人，很多時候，我們一旦被賦予某種角色，其態度就會受到該角色的影響。

屁股決定腦袋

別人都是矮子，我要俯視你們。

別人都是高個子，我要仰視你們。

3

隨便說的可能會變成真的

心理學家托里．希金斯發現，人們口頭或書面表達的言語會變成一種信念。當人讚美一個人時，會漸漸喜歡這個人；當人們撒謊時，也會漸漸相信自己的謊言。

把他讚美了一番之後，發現他更有魅力了！

我騙她我是專家……雖然我沒有博士銜頭，但懂得還真不少！

4

付出一點，就可能付出更多。

當你為他人提供一次幫助後，可能會答應提供更多幫助，這就是登門檻現象。

實驗證明：

讓人們佩戴一個有關癌症宣傳的裝飾品，為癌症患者捐款的人數會增加 2 倍。

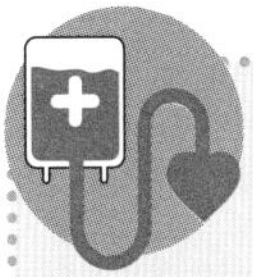

捐血結束後，提醒捐血者「下次再見」，捐血者再次露面的機率會增加 19%。

在互聯網聊天室，直接請人幫忙發郵件，獲得幫助的機率為 2%；先請人幫一個小忙，再請人幫忙發郵件，獲助機率是原來的 8 倍。

自我知覺理論

當人們不確定自己的態度和想法時，會跳出自我，以局外人的身份從外部觀察自己：傾聽自己的言語，了解自己的態度，觀察自己的行為，以審查自己的信念。

我說過要幫你　　我是願意幫你的　　所以我要幫你

5

愛導致愛，恨導致恨。

一個不起眼的惡行會侵蝕人的道德感，從而引發更惡劣的行為；而充滿愛的道德會影響道德思維，讓人變得更友善和美好。

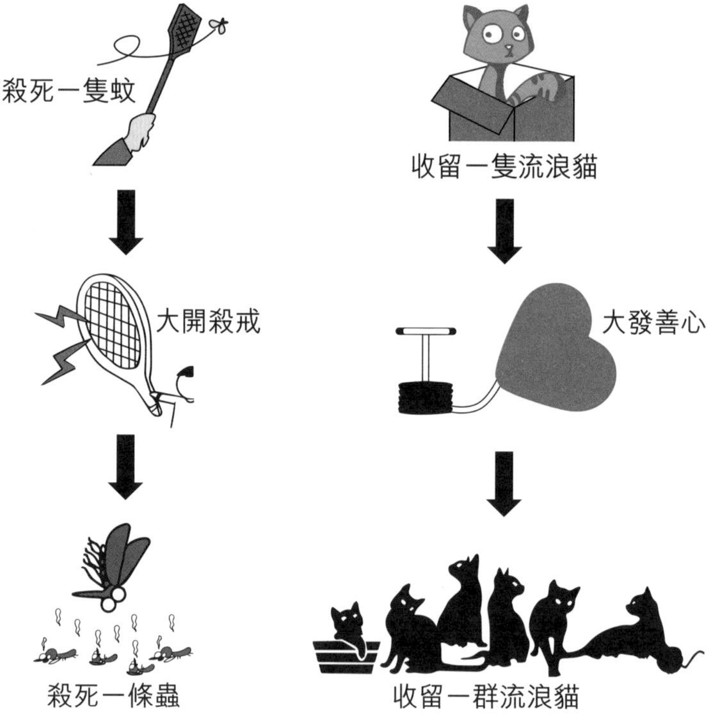

6

微笑讓你快樂，皺眉讓你發愁。

相關實驗發現：

當實驗者做出皺眉的表情時，
他們會體驗到憤怒。

當實驗者微笑時，他們會體驗到愉悅，
更容易回想起快樂的事。

用肉毒桿菌麻痺皺眉肌後，實驗者的情緒反應會變慢，閱讀悲傷或憤怒的句子的速度會變慢，而且會變得無法模仿他人的表情，無法理解他人的情緒。此外，被要求抬頭挺胸的實驗者比被要求無精打彩的實驗者更自信。

結語

美國小説家霍桑説：「如果有人長時期地對自己一副面孔，而對別人是另一副面孔，那麼最後他會分不清到底哪個才是真的。」霍桑的這句名言十分形象地向我們展現了行為對態度的影響。

行為會影響態度，這已經得到許多心理學實驗的證實。而認知失調理論、角色扮演理論、登門檻現象等都解釋了為甚麼我們的行為會反過來影響態度。了解行為會影響態度，可以更好地指導我們的現實生活。

比如，如果你想要保守某個秘密，那麼最好守口如瓶，一丁點資訊都不要透露，否則，在你透露一丁點秘密之後，你會不自覺地向對方透露更多的秘密。又如，如果你想改善和某人的關係，那請對他好一點，這樣你就會慢慢喜歡他，你們的關係也會慢慢變得融洽。正如托爾斯泰所説：「在很大程度上，我們並不是因為別人對我們好而喜歡他們，而是因為我們對他們好。」

再如，如果你想要改變別人對你的態度與行為，最好不要採用威脅或收買的方法，因為只有在理由不足的情況下，人們才會感到失調，並因此更相信自己的所作所為，行為才可能影響到態度；而威脅或收買則會給對方提供暫時做出某種行為的充足理由，不利於行為的內化。

Chapter 04

你與世界的連接

社會影響

我和你的相同與不同

社會規範的普遍性和差異性

1 我們來自同一個星球

我們有着相同的友誼規範

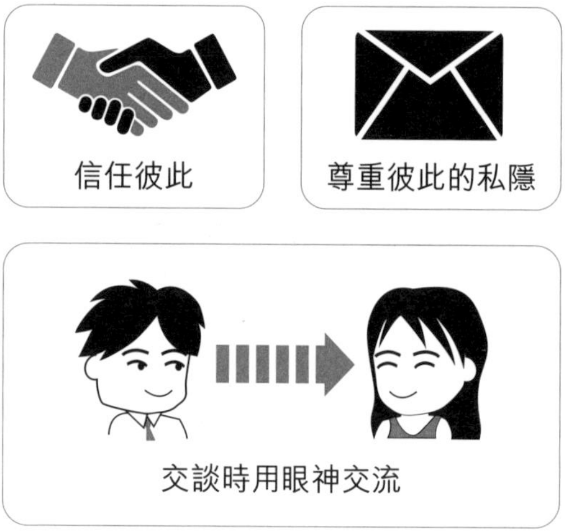

我們是這樣評價自己和他人的

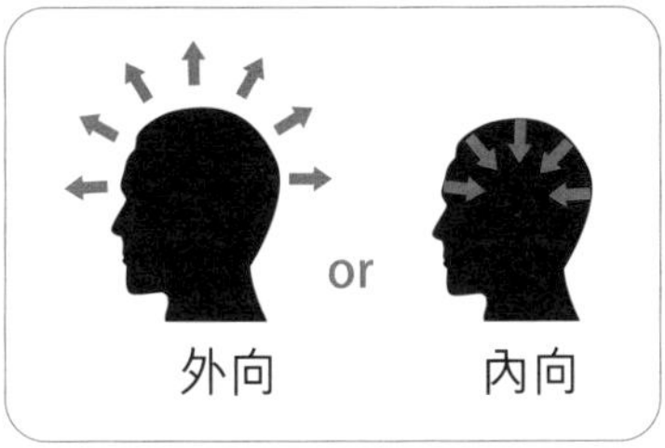

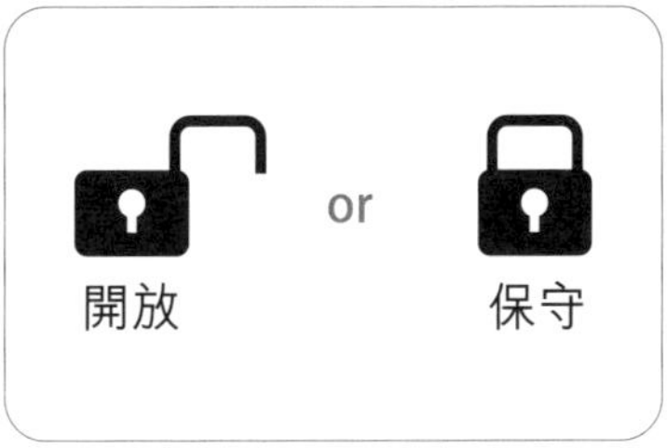

我們容易把人分出三六九等

我們的信念往往逃不出五大選項

有社會心理學家在針對 38 個國家進行研究後發現，不同國家的人都在不同程度地用以下五大社會信念指導自己的生活：

 **犬儒主義**	過去是黑暗的，未來依然黑暗。既然無力改變，不如假裝糊塗。
 **社會複雜性**	行走江湖，就要眼觀六路，耳聽八方。
 **付出的回報**	今天的投資，是為了明天的收穫。
宗教性	基督教：歐洲、非洲、美洲、亞洲、大洋洲。 伊斯蘭教：亞洲和非洲諸多國家。 佛教：東南亞諸國，遠傳歐美。
命運控制	命運決定成敗。

我們都對「儀式感」有着別樣的熱情

生日

春節

元宵節

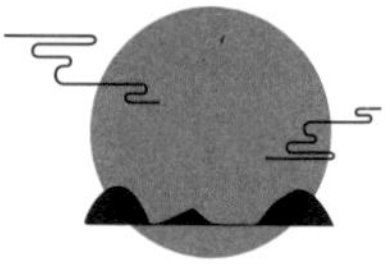
中秋節

聖誕節

狂歡節

情人節

七夕節

我們是如此不同

不同文化 不同禮儀	
英國人 • 對路人說：Hi！ • 「這個人真沒禮貌」 	美國人 • 對路人說：Hi！ • 「這個人很友好。」 從別人身邊走過卻不看對方一眼，會被視為「禮貌性疏忽」。 

不同地域 不同性格	
地中海人 • 熱情、休閒 	北歐人 • 高效、冷漠 

成年人的安全距離大於兒童

成年人	兒童
1.2 米之內是我的私人空間	親密無間，兩小無猜

男性的安全距離大於女性

男性	女性
當同性想要拖手時，男人的通常反應：「別碰我，我不是同性戀。」	當同性想要拖手時，女人的通常反應：「她把我看成好姐妹。」

結語

亞里士多德説：「人是一種社會性動物。」

我們每個人從出生開始，就需要學習語言、與人交往、與人合作，務求以更好的狀態在一個群體中生存。在這個過程中，人類漸漸創造了「文化」。

美國社會心理學家羅伊·鮑邁斯特説：「只有人類才有文化，文化使我們超越了才能、努力和個人天賦的總和。」

每一個民族和地區，都有其獨特的文化；每一個國家，也有這個國家獨特的文化與傳統。文化的多樣性使生活在世界各地的人們擁有不同的社會規範和行為表現。可是，跨文化心理學家發現，作為人類，生活在不同地區的人不只有同樣的生理基礎，在許多社會規範上也具有高度的一致性和相似性。

簡而言之，人性是普遍一致的，但後天教養具有文化的特異性。

男人來自火星，女人來自金星？

性別差異與雙性化

我是 X，你是 Y

女性（X）	男性（Y）
女性更渴望親密，會努力使自己融入群體。 	男性更渴望獨立，不會輕易委曲求全。 
女性喜歡小群體活動，約上幾個好朋友是打發休閒時光的好選擇。 	男性喜歡大群體活動，通常組隊打球、登山、旅行。 
女性喜歡談論個人關係，私人感情是女性感興趣的話題。 	男性喜歡談論任務或大群體，事業、政治、社會問題是男性感興趣的話題。 

女性（X）	男性（Y）
女性更喜歡與人打交道的職業，如教師、社工、護士等，且對工作時間和私人關係等非常在意。 	男性更喜歡處理客觀事物，如程式員、工程師、建築師等，且對薪酬、晉升、挑戰、權力等非常在意。 
在面對壓力時，找人傾訴並尋求幫助是女性通常的反應模式。 	在面對壓力時，戰鬥或逃跑是男性通常的反應模式。 
在家庭關係中，女性負責「顧家」，一般會花更多的時間陪伴長輩和孩子。 	在家庭關係中，男性負責「養家」，一般會將更多的精力投入工作和事業中。 
女性具有較強的同理心，容易因他人的悲傷而哭泣。 	男性的同理心相對較弱，不太容易因他人的悲傷而哭泣。 

女性（X）	男性（Y）
女性傾向民主的領導方式。 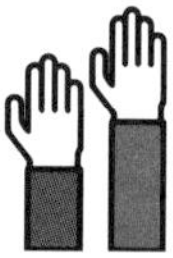	男性傾向專斷的領導方式。 
女性擅長言語攻擊。 	男性擅長肢體攻擊。 
女性較介意戀人的精神出軌。 	男性較介意戀人的肉體出軌。 

相關研究還發現：

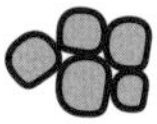	女性的脂肪含量平均比男性高 70%。
	女性的肌肉含量比男性少 40%。
	女性的平均身高比男性低 13 厘米。

	女性的體重比男性輕 18 千克。
	女性患抑鬱症的機率是男性的 2 倍。
	女性比男性更早進入青春期（約早 2 年），且壽命更長（約長 4 年）。
	女性的自殺率低於男性，約為男性的五分之一。

1

我們有區別，但更多的是共通性

- 我們各有 46 條染色體，其中 45 條與性別無關。
- 我們都有相似的智慧，相似的愛，相似的情感、自尊和幸福感。
- 在完成結婚生子的人生目標後，我們會拋開 X 和 Y，變得更加雙性化、更加相似。
- 男性在求愛階段會表現得更加陽剛；女性在求愛和育兒階段會有控制獨立、專斷的傾向。

結語

男人和女人，常常被視為是來自兩個不同星球的生物，因為從表面上看，他們是如此不同。除了生理上的明顯差異，男人和女人在心理、行為表現、社會地位上也存在着明顯的差異。

對於這些差異的來源，社會心理學家認為與基因、演化有關。心理學家道格拉斯．肯里克指出，男人和女人的性別差異來自族群演化的歷史，如果兩性面對的是相同的適應性挑戰，那麼兩性之間不會有任何差異。

除了基因和演化，一些社會心理學家認為，文化會影響性別角色的構建，在不同的文化背景下、不同的時代中，男人和女人扮演的角色有很大的差異。比如在古代中國，人們遵從「男主外，女主內」的家庭觀，養家糊口是男人的義務；照顧家人、做家務則是女人的義務；但現在，男人走進廚房；女人進入社會，彼此的角色差異變得越來越小。

總之，男人和女人雖然有着種種差別，但本質上沒有甚麼不同。用心理學家珍妮特．希伯利．海德的話説，「『異性』實際上與你幾乎是相同的性別」。

當你打呵欠時，究竟發生了甚麼？

易受暗示性和變色龍效應

1 打呵欠的標準姿勢

心理學家羅伯特．普羅維尼認為，打呵欠是一種自動的行為，並且是一種「固定的行為模式」：

- 一陣陣發作
- 持續 6 秒鐘
- 伴隨一次深呼吸
- 一次較短的愉悅的呼氣

2 打呵欠是身體的某種暗示

感到枯燥乏味

感到疲倦

感到緊張

感到焦慮

感到困乏

3 打呵欠不等於瞌睡

研究者發現，人們睡醒後打呵欠比瞌睡時更多。

打呵欠會傳染

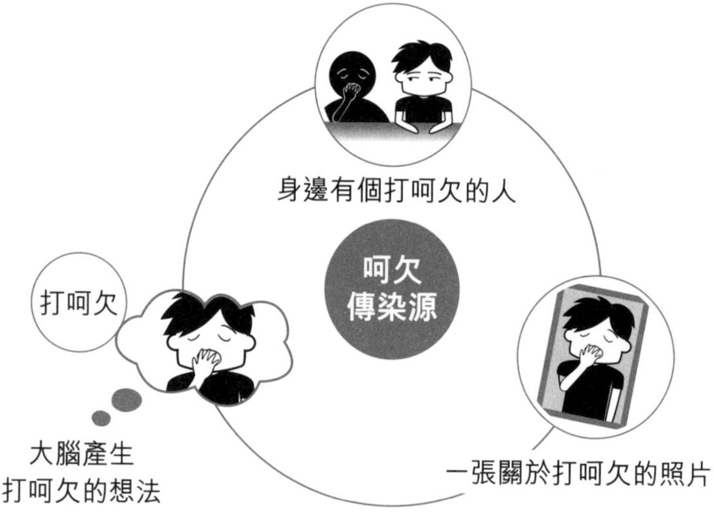

當看到別人打呵欠時，鏡像神經元會進行模擬，促使我們產生打呵欠的行為。美國心理學家沙特朗和巴奇認為，我們在社會交往中存在「變色龍效應」，即個體會無意識地模仿他人的動作，包括打呵欠、表情、口音、呼吸頻率、情緒等，以此來理解他人，對他人感同身受。在人群中，那些具有更容易受暗示性的人，比其他人更容易受到打呵欠的影響。

結語

古語說：「近朱者赤，近墨者黑。」

當我們進入一個群體，我們會漸漸地融入這個群體，並和群體內的成員變得越來越相似。這種自古以來就存在的現象，被英國謝菲爾德大學的心理學教授彼得．托特德爾稱為「心境聯結」。

托特德爾發現，在同一個群體中，人們不僅在外形上有許多相似之處，而且在心境上也十分相似。比如，在一些工作團隊中，職員普遍患有失眠症；在另一些工作團隊中，職員的幸福感和滿意度則普遍較高等等。

是甚麼原因導致這種相似性呢？研究者發現，普遍存在的易受暗示性，會讓我們不由自主地按照對方的意圖和推測對方的意圖來做出某些行為，變得容易受周邊人的影響。

除了易受暗示性，美國心理學家沙特朗和巴奇還發現另一種在人群中普遍存在的現象——「變色龍效應」，意即我們在人群中，會無意識地模仿他人的動作、表情、口音、情緒等，使我們在沒有明確意圖的情況下做出從眾行為，而我們的行為本身，又會反過來影響我們的態度和情感，使我們對他人的心境感同身受。

易受暗示性和變色龍效應有時會給人帶來好處，因為根據相似性原則，我們喜歡那些跟他們在言行、想法上接近的人。但荷蘭研究者巴倫提醒我們：如果模仿別人生氣，則會變得令人討厭。

隨波逐流真的不好嗎？

從眾與反抗

世上的人大致可分為兩種，一種人特立獨行，另一種人隨波逐流。

特立獨行者的特徵

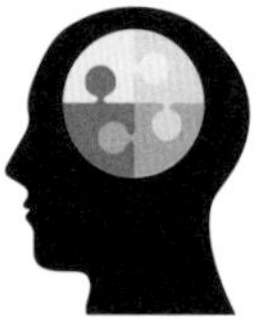

堅持自己的價值觀

保持與眾不同

如果有誰強迫，就反其道而行之。

我想去西邊。
我們都去東邊。

我喜歡綠色。
今年流行紅色。

特立獨行者常常是：

潮流發起人、持異見者、反抗者、先行者、英雄、領袖人物。

敢為人先

不懼人言

一枝獨秀

破除偏見，
改變傳統

反抗權威

移風易俗

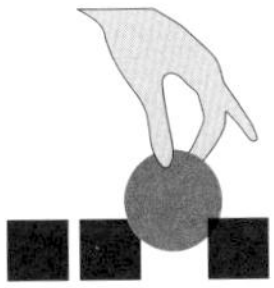

推陳出新

堅持不從眾，需要承受巨大的心理壓力。

- 不被理解
- 得不到支持

反抗權威者或違反大眾意志的人，可能會面臨巨大的風險，並為此付出高昂的代價。

- 槍打出頭鳥
- 木秀於林，風必摧之
- 遭受社會拒絕：被群體孤立、敵視、打壓、報復

很多時候，堅持獨立性並不會收到明確的回報。

- 沒有鮮花
- 沒有掌聲
- 一個人孤獨收場

從眾者的特徵

缺乏堅定的自我信念；
追隨大眾的腳步；
如果有誰強迫，會違背意願與大家保持一致。

等等我，我也去。
我們都去東邊。

突然喜歡紅色。
今年流行紅色。

影響從眾的因素：

- 多數派的一致性。當群體中所有人的意見一致時，會形成強大的社會壓力；但只要有一個人與多數派的意見不一樣，屈服的比例就會明顯降低。

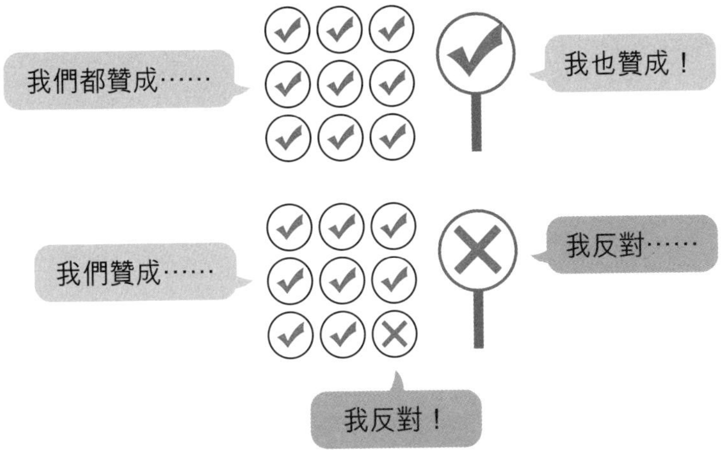

- 群體大小。當群體成員不超過 3 人時，人們受到的群體壓力會較小；當群體的人數超過 3 人時，群體壓力會驟然增加。

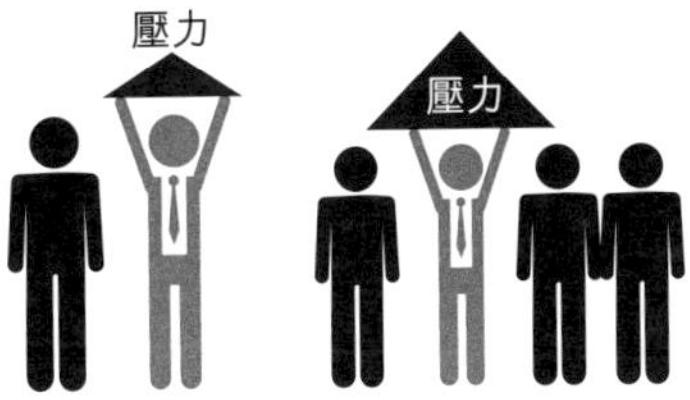

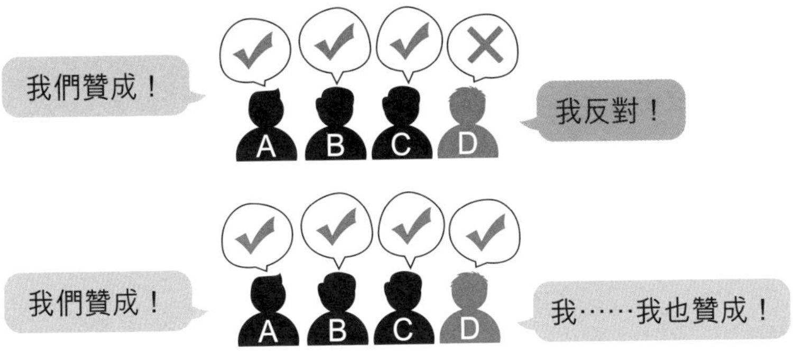

- 與做出私下承諾相比，人們在做出公開承諾時，更容易感受到群體壓力。

拿着喇叭喊：我贊成！
悄悄話：其實我不太贊同。

- 模糊性。當事件模棱兩可、缺乏清晰的答案時，人們更容易自我懷疑，變得從眾。

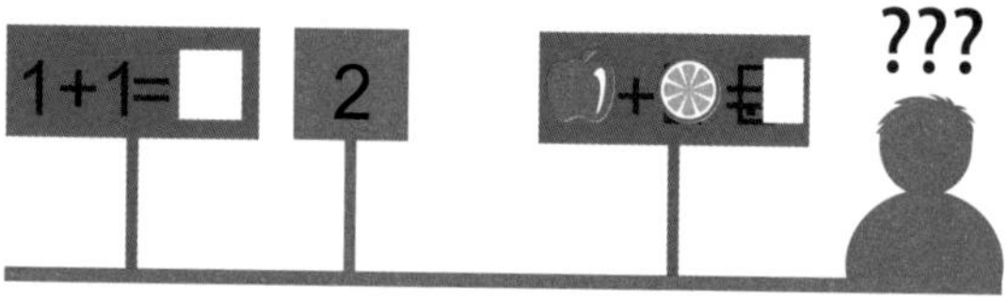

- 多數派的組成。當群體有很高的地位，或個人認為群體很重要時，更容易從眾。

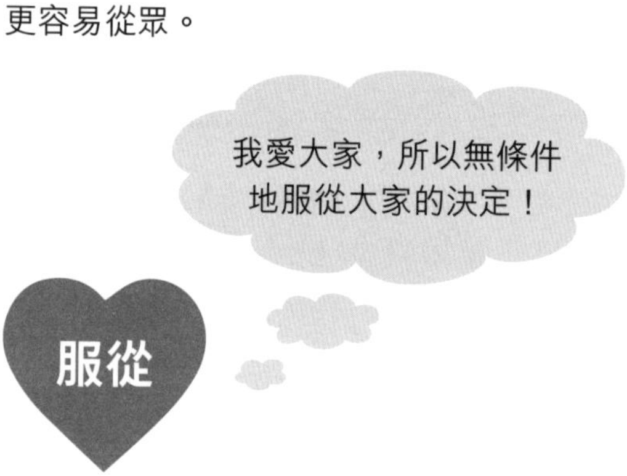

● 自尊。自尊心較低、自我評價較低的人，更容易從眾。

我不太相信自己的判
斷，還是跟着大家走
比較安全？

● 同盟者的力量。當勢單力薄時，人們容易從眾；當有一個強有力的、敢於反對多數人意見的同盟者時，由於群體壓力導致的從眾行為就會削弱。

超人帶我去飛！

● 獨立性。獨立性愈弱，愈容易從眾。

我與你們不可分割，不
管追到天涯海角，我也
要跟你們在一起。

從眾者通常是：

潮流追逐者、權威服從者、傳統的維護者、易受他人影響的普通人。

恪守傳統

服從權威

缺乏膽識

缺乏主見

容易輕信

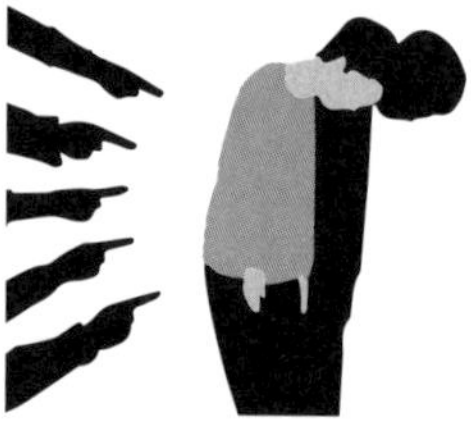

畏懼人言

不敢反抗

從眾的三種表現形式：

- 違心的從眾——順從：雖然不喜歡，但我還是決定去做。
- 不可違抗的從眾——服從：這是命令，我必須執行。
- 心服口服的從眾——接納：你說得真好，我舉雙手贊成！

從眾者更容易被群體接受，從而避免被群體拒絕的痛苦。

相親相愛的一家人

從眾者認為法不責眾，從眾者可以減少個人責任和被懲罰的風險。因為和大家保持一致，就算錯了也有人陪着。

結語

20 世紀 30 年代，美國著名社會心理學家謝里夫在一間黑暗的屋子裏做了一個實驗。他請實驗者坐在屋裏，並讓他們觀察出現在對面 4.5 米處的一個光點，隨後詢問被試者光點移動的距離。

謝里夫發現，當實驗者單獨被提問時，他會在觀察中得出一個自己認為比較確定的答案；而當實驗者跟其他人一起被提問時，實驗者會「糾正」自己原先的判斷，改變他們對光點移動距離的估計值。

事實上，那個光點根本沒有移動，謝里夫只是利用了一種被稱為似動現象的視錯覺。謝里夫的「遊動效應」實驗揭開了從眾研究的序幕。研究發現，在模棱兩可的情況下，人們對外界的認知和判斷會受到他人的影響。

20 世紀 50 年代，美國社會心理學家阿希對從眾現象進行了一系列研究，證實群體對個體判斷所施加的有力影響，並提出 8 項影響從眾的因素。研究發現，儘管個體通常會服從於群體的壓力，但少數反對者的聲音可以打破這一符咒，使服從率顯著降低。

社會心理學家還提出從眾的 3 種形式，並系統分析了從眾的好處和壞處。對個人來說，選擇從眾可以獲得他人的肯定、讚揚，避免被孤立甚至被懲罰的命運；對群體來說，從眾可以加強群體的凝聚力，使群體成員之間更為團結。但從眾的負面影響也顯而易見：它會讓個體在人云亦云中隨波逐流，失去獨立性和個性，並大大削弱創造力，當我們不約而同地盲從於錯誤的思想和行為時，從眾行為會給社會帶來巨大的災難。

你是如何被廣告説服的？

説服的方法和原則

在廣告與購買之間，隔着一條説服的鴻溝。

是否注意訊息？
➡ 是→ 理解了嗎？ ➡ 是→ 相信了嗎？ ➡ 是→ 記住了嗎？
➡ 是→ 產生相應行為了嗎？ ➡ 是→ 行動
➡ 否→ 不行動 ➡ 否→ 不行動 ➡ 否→ 不行動 ➡ 否→ 不行動
➡ 否→ 不行動

而一則優秀的廣告，通常具備以下特質。

1

「見人說人話，見鬼說鬼話」——理解

針對

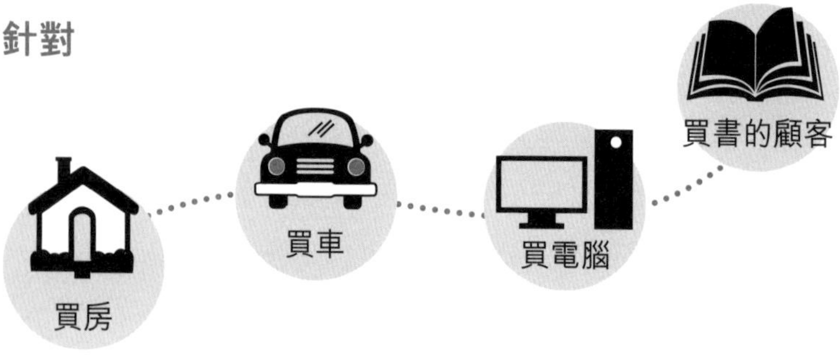

採用中心路徑説服，打理性牌。
擺事實，講道理，深度表達。

針對

採用外周路徑説服，打感情牌。
視覺大約 1 秒「吸睛」，感情渲染，
短、平、快簡單表達。

説服的兩條路徑

當我們積極主動、全面系統地思考問題時，會接受中心路徑説服，即論據愈有力，愈容易被説服。

當我們心不在焉，感覺與己無關或沒有時間仔細推敲訊息的意義時，會接受外周路徑説服，即訊息愈直觀、愈淺顯易懂，愈容易被説服。

2

一個對的代言人——信任

1. 權威專家代言，增加專業性和可信度

做決策時，我們通常會採用啟發法，比如相信專家、權威人士等。

2. 知名明星代言，增加關注度和吸引力

對代言明星的喜愛會讓我們敞開心扉，接受廣告的論證（中心路徑說服）。

因為喜歡你，所以相信你代言的廣告。

對代言明星的喜愛，還會使我們對該明星代言的產品產生積極的聯想。

因為喜歡你，所以喜歡跟你有關的一切。

3. 意見領袖、潮流引領者代言，增加説服力和影響力

意見領袖通常被認為是該領域的專業人士，他們的言行往往具有巨大的影響力。

據調查，大型醫藥公司會將約三分之一的營銷資金投放在意見領袖、潮流引領者身上。

3

持續曝光——記住

睡眠者效應

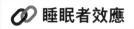

時間間隔會使我們忘記訊息的來源，或忘記訊息與訊息源之間的關係，只保留對內容的模糊記憶，從而使因威信因素產生的影響，隨着時間流逝而產生相反的效果，這則稱為「睡眠者效應」。不論代言人是否為專家，持續曝光可以讓廣告深入人心，讓人們記住廣告內容。

「今年過年送甚麼？」
「今年過年不收禮，
收禮只收 ×××。」
禮

4

要麼讓你快樂，要麼讓你怕——行動

情緒可以激發某種狀態，讓人們做出某種行為。

幽默廣告、熱歌勁舞的廣告、歡樂溫馨的廣告
通過製造歡樂來刺激消費

好心情效應

對方心情愉快時，更容易被説服。

保健品廣告、藥物廣告、提倡戒煙的廣告。
通過制造恐懼來刺激消費或遏止消費。

喚起恐懼效應

如果一些訊息能喚起人們的恐懼情緒，有時也能產生說服效果。

結語

在日常生活中，説服無處不在。想像一下：當我們把一大堆不需要的物品買回家；當我們做出自己原先反對的事情；當我們的態度從不同意轉為同意時，我們其實都受到了説服的影響。

説服是一門學問，也是一門藝術。我們是如何被説服的呢？有哪些方法可以幫助我們更好地説服他人？為甚麼有些人容易被説服，有些人卻不容易？

20 世紀中葉，被譽為「傳播學四大奠基人」之一的美國心理學家霍夫蘭將説服分為四個要素，率先對説服進行了系統的研究，並在代表作《傳播與説服》中提出了一套關於説服的理論。

霍夫蘭及其之後的心理學家們通過研究認為，説服有兩大路徑——中心路徑和外周路徑，且包含四大要素——説服者、説服內容、説服渠道、説服對象，而睡眠者效應、好心情效應、警鐘效應、免疫效應等與説服相關的理論，正是圍繞這些內容展開的。

説服本身沒有好與壞，但説服的目的卻有善良與邪惡之分。讓我們增強對説服的免疫力，遠離惡意的説服對我們造成的侵害。

你想要加入一個機構嗎？

如何抵制不良影響的暗示

好機構會讓你成長、受益；壞機構會令你變壞。如果不想被引誘進入形形色色的壞機構，可以重點了解一下它們通常的套路。

1 「請問你需要甚麼幫助？」——取得信任

每一個「請君入甕」者，一開始都是「熱心的好人」。他們會主動接近那些離鄉別井、面臨個人危機或外出度假的人，並積極為他們提供「幫助」。

為孤獨者提供 24 小時服務的「在線陪聊」

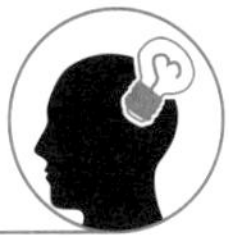

為迷茫者答疑解惑的「人生導師」

為感情受挫者把脈開方的「情感專家」

為窮人慷慨解囊的「貴人」

2

不可或缺的「儀式感」——建立忠誠

各種各樣的儀式會強化新成員對成員身份的認同，並培養其忠誠度。

在承諾書上簽字

入會宣誓

新會員歡迎儀式

定期的培訓（洗腦）

不定期的聯歡（監控）

3

「完美」的領袖——贏得膜拜

各種壞機構的領袖人物，不是「魅力超凡」者，就是具有「特異功能」者，具有強大的吸引力和誘惑力。

顏值與智慧的完美結合

讀心術

預言大師

包治百病

4

我們就是「真、善、美」的化身——製造崇高的假像

所有壞機構，無不打着「真」、「善」、「美」的幌子，努力把自己打造成「真」、「善」、「美」的化身。

- 大師會告訴你真相。
- 加入快樂的大家庭。
- 追求真理小組。
- 替天行道。
- 救贖有罪的心靈。

5

製造對立——割裂聯繫

通過詆毀機構外的人群，誘勸成員減少與親友的聯繫等，建立一個封閉、孤立的群體環境。而社會孤立會強化群體內成員所持有的荒謬、錯誤的想法。

要加入我們，定要絕交?

6

「謝謝你，請幫個小忙」

高明的誘騙者深諳「登門檻效應」，他們通常不會一開始就讓機構成員為機構獻身，而是會先讓成員為機構做些力所能及的小事，隨後一步步加大戲碼。

能為機構捐贈 1 元嗎？

非常樂意效勞。

——1 元買大方，很划算。

你上次捐款很慷慨。這次能捐 10 元嗎？

沒問題。

——10 元換取誇讚和好印象。

前兩次捐款你都很慷慨，相信這次捐 100 元你也不會反對。

當然。

——為了繼續維持「慷慨」的形象，花 100 元也值得。

…………

一直以來你都很忠誠。像每一個忠誠的會員那樣，相信你也願意為機構捐出 10% 的財產。

這個……好的。

——之前的捐款累加起來已經不少，
再多做一點表達忠誠又何妨？

結語

我們是社會動物，需要得到群體的肯定、支持、關心和幫助。隨着角色的變化，我們會加入各種各樣的群體，就像許多機構會審核新成員的資質，對於我們即將加入的機構和社會群體，我們也應該擦亮眼睛，看看它究竟是溫暖的港灣，還是深不可測的黑暗深淵。

「幸福的家庭是相似的，不幸的家庭各有各的不幸。」同樣，好的群體是相似的，邪惡的群體則各有各的套路。為了幫助人們識別邪惡的群體，社會心理學家進行了大量的研究，總結出這些邪惡機構引誘人們上當、拉善良的人入夥的共同特點，包括「充滿魅力」的領袖、不合常理的「崇高使命」、將人們和外界對立起來、始於善良與關愛，終於壓迫與侵害等等。

不要以為邪惡離你很遠，許多看上去慈眉善目的人不見得心地善良，那些偽善之人很可能就潛伏在你周圍，當你孤單、脆弱、陷入困境時向你伸出「援助」之手，讓你心甘情願地被俘虜。

社會心理學家提醒我們，在他人面前公開表達自己的立場，可以讓我們強化個人承諾，不容易受到他人觀點的影響。此外，美國社會心理學家威廉・麥奎爾提出，在決定加入一個機構之前，我們可以先了解一些它的理念，隨後找一些反駁的言論，這些反駁的言論對我們來説就像一劑預防針，會讓我們產生「態度免疫」，從而更有效地避免被洗腦的結局。

Chapter 05

知己知彼

社會交際

壞人與好人，就差一套制服的距離？

斯坦福監獄實驗的啟示

1 你屬於哪類人？

你怎樣對待他人，很大程度上決定了你是「好人」或「壞人」的屬性。

她那麼熱心幫我，真是個大好人。

她搶走了本該屬於我的一切，是個十惡不赦的壞人！

2 路西法效應

好人絕不會做出傷害他人的行為嗎？著名的心理學實驗向我們揭示：在情境的影響下，好人也會做出可怕的事。

● 我們無意做壞事，卻因為權威的存在，最終傷害了別人。

米爾格倫電擊實驗

實驗中扮演「老師」的試驗者充當電擊者，會在實驗者的要求和鼓勵下，對回答錯誤的「學生」施以高達 300 伏，甚至 450 伏的電擊。過程中，扮演「學生」的被試者一次又一次地發出痛苦的叫喊與哀求，但都無法阻止電擊者的電擊行為。

我不想傷害你，但實驗者叫我不要停……

還好「電擊」是假的！

● 溫文爾雅、富有教養的我們，一旦陷入某種系統，可能會變成自己都不敢相信的惡魔。

斯坦福監獄實驗

實驗中，原本愛好和平、為人友善的試驗者，在扮演「獄警」後不久出現了暴力攻擊行為，甚至對「囚犯」做出嚴酷的虐待行為。

系統為壞的行為提供制度支持、權威和資源。

一穿上制服，我就「惡魔」上身，認為懲罰「犯人」是理所應當的事。

真可怕！我完全沒想到你會這樣對我！

3

魔鬼引誘好人作惡的十大步驟

1. 向好人灌輸將惡行合理化的思想體系。

對策：時刻保持反思精神，可以抵制被惡的觀念洗腦。

2. 讓好人先行小惡，再逐步加碼。

對策：「勿以善小而不為，勿以惡小而為之。」

3. 讓權力、金錢等吞噬好人的良知。

對策：克制對權力、金錢等的慾望，是守住良知的法寶。

4. 讓好人陷入模糊的、不斷變化的規則中。

對策：當規則模糊不清時，請保持冷靜、清醒，並記住：「己所不欲，勿施於人。」

5. 為好人的惡行辯護，阻斷其改過自新的念頭。

對策：當有人稱讚、支持你時，請不要盲目相信，應該多聽聽那些批評的聲音。

6. 通過榜樣，讓好人絕對地服從權威。

對策：不是所有的榜樣都值得學習，記住這一點，可以避免盲從。

7. 允許好人提出口頭異議，但在行為上必須服從。

對策：如果有人想要控制你的行為，還是趁早逃離吧！

8. 鼓勵不把受害者當人看。

對策：任何不把某一類人當人看的機構和思想都很危險！

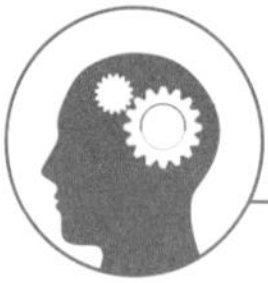

9. 分散責任。

對策：大家都在做的事未必是對的。保持獨立，可以讓我們避免捲入集體暴行。

10. 增加退出這種情境的難度。

對策：做決定前先想好退路，以免無路可退。

結語

我們習慣認為，那些做出反常、違法和不道德行為的人，是社會這個「大桶」裏的幾個「壞蘋果」，而多數「好蘋果」和少數「壞蘋果」之間有着不可逾越的界限。絕大多數人會認為，自己無論在甚麼情況下都會守住良知和底線。

精神病學專家也認為，在米爾格倫電擊實驗中，有些人會在電壓高達 150 伏的時候退出，只有 1% 的虐待狂才會將實驗進行到底。然而，米爾格倫用電擊實驗向人們揭示，不論性別、年齡，從事甚麼職業，有 65% 的試驗者會盲從權威，一直把電壓增加到 450 伏的最大值，也無意放手。

不論米爾格倫的電擊實驗，還是美國心理學家菲利普・津巴多的斯坦福監獄實驗，都在提醒我們不要高估自身的力量，而低估情境的力量。當然，這些實驗並不是為壞人辯護，而是讓我們了解是甚麼在影響我們的行為，從而避免在不知不覺中成為那個「壞蘋果」。

你是那個事後諸葛亮嗎？

「我早就知道」效應

1

當局者迷，旁觀者清？

我們無法把握自己的命運，對他人的事卻常常「料事如神」。

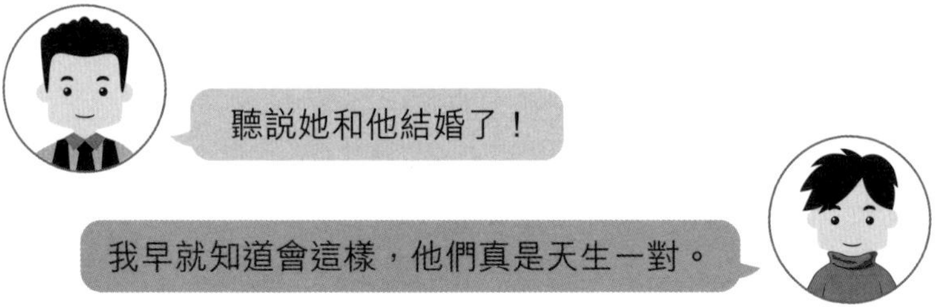

聽說她和他結婚了！
我早就知道會這樣，他們真是天生一對。

A 隊獲勝了！
我早就知道會這樣，A 隊和 B 隊實力懸殊。

2

「我早就知道」效應

你以為你「早就知道」的事，其實只是在事情發生之後，你高估了自己的預測能力。

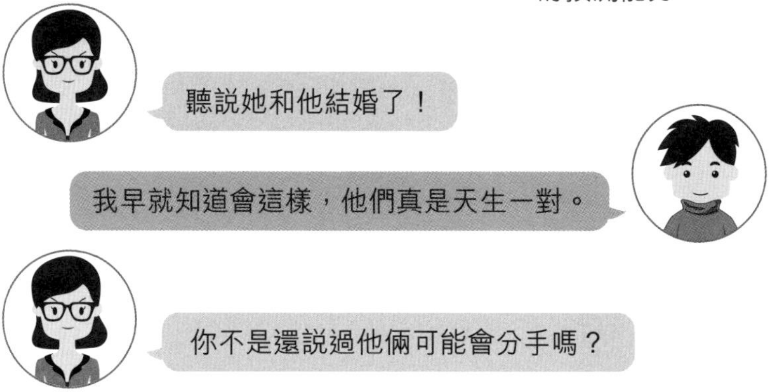

聽說她和他結婚了！
我早就知道會這樣，他們真是天生一對。
你不是還說過他倆可能會分手嗎？

當我們知道結果時，會順藤摸瓜，從結果尋找相關的論據。在這個過程中，我們會有意忽略不支持結果的訊息，而誇大支持結果的訊息。

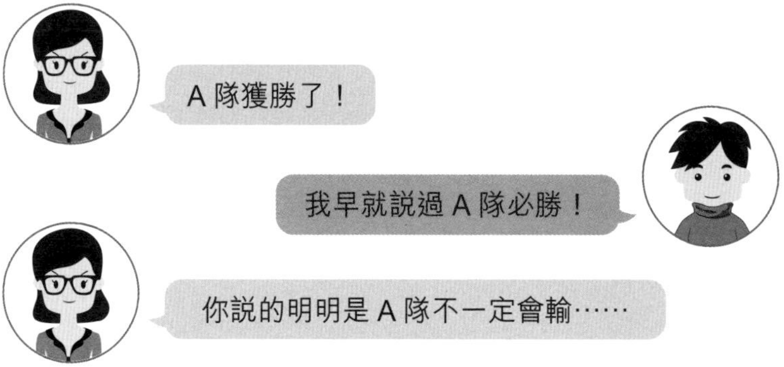

A 隊獲勝了！
我早就說過 A 隊必勝！
你說的明明是 A 隊不一定會輸……

有時，我們說的只是些模棱兩可的話，但在知道結果後，我們會偷換概念，把自己變成「預言家」。

3

「真諸葛」VS「假諸葛」

真諸葛

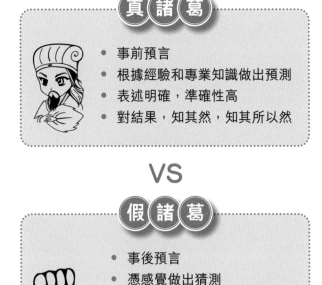

- 事前預言
- 根據經驗和專業知識做出預測
- 表述明確，準確性高
- 對結果，知其然，知其所以然

VS

假諸葛

- 事後預言
- 憑感覺做出猜測
- 表述模棱兩可，準確性全憑運氣
- 以為自己知道真相，其實並不知道

研究發現，「我早就知道」會讓「假諸葛」產生良好的自我感覺，但會妨礙其從自己的錯誤中吸取教訓，從而重蹈覆轍，一錯再錯。

「我早就知道」
效應

To be or not to be ？糾結中……
擲硬幣決定：To be
結果：To be ✓
反饋：我早就知道 To be 是對的。
結果：To be ✗
反饋：我早就知道 not to be 是對的。
回到 To be or not to be 的無限循環中。

「假諸葛」理財師，會誤導客戶一次次進行錯誤的投資。

「假諸葛」律師，會讓其服務的企業陷入麻煩的法律糾紛。

「假諸葛」偵探，在別人破案之前總是找不到有用的線索。

結語

「我早就知道」效應又稱為「後視偏差」，是生活中常見的一種現象。你也許認為那些喜歡「馬後炮」的人是為了自我炫耀，想讓自己顯得聰明、有先見之明，或者想逃避跟某個後果有關的責任。但有研究表明事實並非如此，因為即使不當着他人的面，我們也會受到「後視偏差」的影響。

那麼，為甚麼會產生「後視偏差」呢？

研究者認為，「後視偏差」的本質是一種記憶扭曲，不受意識的控制。如果真是這樣，我們就不應該責怪身邊的「事後諸葛亮」，畢竟當他們說「我早就知道……」時，他們也不知道自己在吹牛。

「後視偏差」雖然是人類的通病，但仍然有辦法避免。比如，當涉及某個重大決定或決策時，我們可以把自己的判斷和想法記錄下來；這樣，當得知事情的結果後，在確實的「證據」面前，我們可以更加理性地分析自己的決策過程，從而總結經驗，避免在下次決策時受「後視偏差」的誤導。

看看那些「睜着眼講大話」的人

阿希實驗揭示的人性真相

1

你和秦二世，誰的 IQ 更高？

指鹿為馬

當一個人説是馬時
愛卿，你錯了，
這是鹿！
當 10 個人説
是馬時
難道它不是
鹿嗎？
當所有人都説是
馬時
哦，它是馬……

阿希實驗

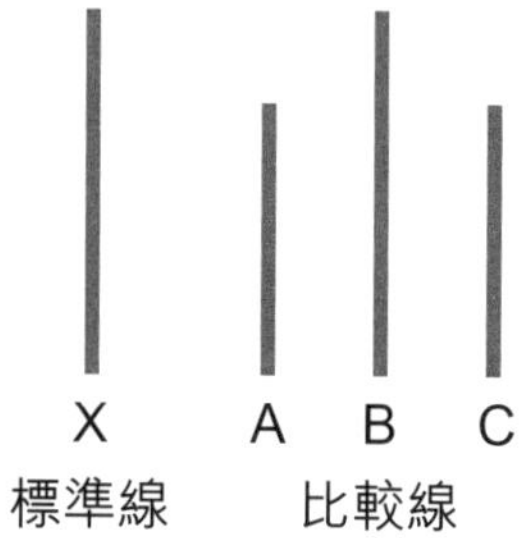

A、B、C 三條直線，哪條跟 X 線一樣長？

有 7 個參加阿希實驗，其中只有 1 人是真正的實驗者，另外 6 個是實驗的配合者。

這個問題的答案顯而易見，但實驗者的反應是：

當 1 個實驗者回答 A 時——堅持答案 B。

當 4 個實驗者回答 A 時——開始懷疑自己。

當6個實驗者回答A時——把答案由B改成了A。

在阿希實驗中，有約三分之一的實驗者受到其他人的影響，提供了錯誤的答案。

結論：從眾的心理會把你的智商水準拉低。

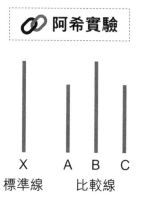

2

真理不是眼見為實，而是「大家一致」。

當其他人的觀點形成群體共識時，會影響我們對外部世界的感知。在「地圓說」提出之前，幾乎所有人都相信地球是方的。又如，在古代中國，「三寸金蓮」被視為一種美，而不是一種畸形。在一些非洲民族，一夫多妻是正常的社會現象，不會被視為不道德。

你喜歡的服飾是你真的鍾愛，還只是因為目前正流行？

你崇拜的英雄，是你真的認識他、了解他，還是媒體都在宣傳他，身邊的人都在讚美他？

- 你決定嫁給一個人，是你發自內心地欣賞他，還是你身邊的人都給他很高的分數？
- 你深信不疑的真相，確定是真的嗎？
- 你發出的聲音，真的都發自肺腑嗎？

我們總認為眼見為實，但研究發現，群體的觀點才是真實。

——神經科學家格雷格戈里・伯恩斯

3

從眾的八大因素

從眾，通俗來說就是「隨大流」。研究發現，社會壓力會扭曲多數人看待世界的視角，而以下八個因素，會加強人們從眾的傾向。

1. 當群體意見非常一致時

大家都說他不行，看來他真的不行。

2. 當群體人員超過 3 個人時

三人成虎	一個人：老虎來啦！		怎麼可能！
	兩個人：老虎來啦！		真的嗎？
	三個人：老虎來啦！		救命啊！

3. 當要求做出公開承諾時

私底下：我反對他。　　公開場合：我支持他。

4. 當答案模棱兩可時

我不太確定對不對，所以還是聽聽大家的意見。

5. 當群體地位越高時

專家們都那麼說，還能有錯嗎？

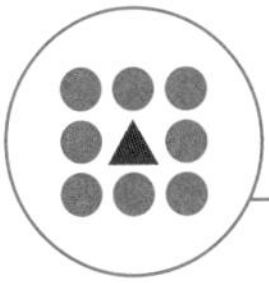

6. 當不夠自信時

我跟他們的想法不太一樣，多半是我錯了。

7. 當缺少同盟者時

我一個人反對也沒用，還是乖乖聽話吧！

8. 當缺少獨立性時

我沒甚麼想法，跟別人一樣總不會錯。

4

你是特立獨行者，還是變色龍？

從眾的三大類型

心服口服：真心認可某種觀點，從而自願並主動做出相關行為。

口服心不服：迫於壓力或為尋求利益，不得不假裝認可某種觀點並做出相關行為。

無所謂服或不服：內心沒甚麼想法，盲目地隨波逐流。

從眾的兩大心理

渴望被接納：我不想特立獨行，因為那樣會招致異樣的目光，被周圍人孤立，甚至遭到懲罰。

渴望正確做事：我不知道該如何決定，既然大家都那麼做，不妨我也那麼做。

你是那個容易屈服於從眾壓力、努力與群體保持一致的變色龍，還是會頂住壓力，成為那個始終保持獨立的人呢？

結語

在生活中，我們很難理解為甚麼有些人會「指鹿為馬」、「睜着眼講大話」，甚至不假思索地參與邪惡的罪行，做出傷害他人的行為。

而從眾心理學向我們揭示了其中的原因。社會心理學家通過許多實驗，發現社會壓力和某些社會情境會促使人們從眾。從眾是非常普遍的社會現象，可能是為了獲得某種認可與獎勵，或者為了避免某種壓力與懲罰。

客觀來説，從眾行為會給從眾者帶來某種歸屬感與安全感，但從眾的危害也是顯而易見的。英國作家斯諾提醒我們：「思考人類漫長而黑暗的歷史，你會發現許多可怕的罪行是以服從的名義，而不是以反抗的名義犯下的。」這恰如菲利普．津巴多所言：「只有意識到自己很容易受到社會壓力的影響，我們才能夠在適當的時候奮起抗拒從眾。」

害怕乘飛機怎麼辦？

幫助消除恐懼的脫敏療法

1

害怕也是一種「病」

有時，人們會莫名地害怕一件事，雖然事實上，這件事根本沒有那麼可怕。好像，有些人天生對飛機「過敏」。

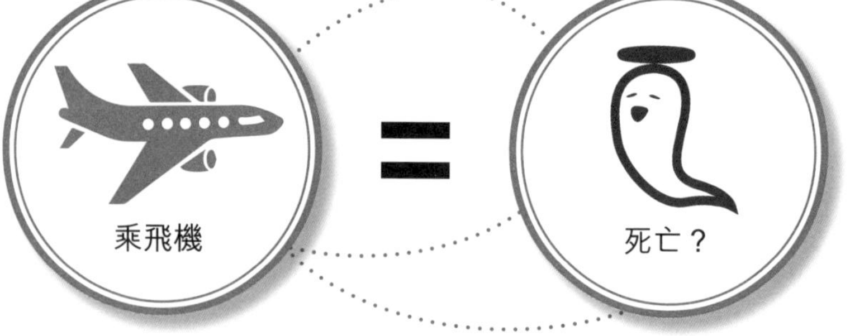

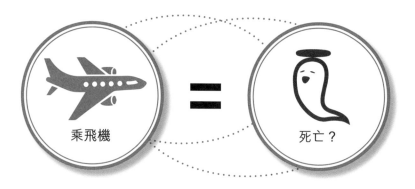

恐懼是正常的嗎？

正常的恐懼			
存在客觀威脅性	適當恐懼	威脅消失時恐懼消退	恰當地應對與迴避
舉個例子			
最近流感很嚴重，所以不想出門。 	走上演講台，緊張得手心都出汗。 	去醫院體查一切正常，放心多了。 	安裝攝錄鏡頭，更換更堅固的防盜門窗來預防偷盜。 

VS

焦慮障礙			
不存在客觀威脅性	過度恐懼	威脅消失後恐懼仍然持續	通過具有潛在危害的行為來迴避
舉個例子			
害怕 13 這個數字，所以 13 號不出門。 	走上演講台，緊張得暈倒。 	雖然醫生説沒問題，仍懷疑自己得了絕症。 	整天盯着家裏的財物，足不出戶。 

2

恐懼的來源

	**遺傳：很久很久以前，你的某個祖先曾從高處跌落。** 我天生害怕高的地方。
	**環境：你身邊的人都告訴你，乘飛機很危險。** 大家都說不要乘飛機，乘飛機肯定很恐怖！
	**習慣：你從報章看過飛機失事的新聞。** 以後再也不敢乘飛機了！
	**經驗：你一直使用其他交通工具，從來沒有出過事。** 我一直自駕遊，感覺比乘飛機踏實！

3

治療恐懼的藥方

矯正認知

消除誤會：在機場參觀停在跑道上的飛機。

飛機：我不是惡魔。只要來看一眼，你就會知道。

增進了解：觀看視頻，了解飛行員如何操控飛機及飛機的飛行原理。

飛機：我不像你想的那樣處變不驚。如果你了解我，就會慢慢喜歡我。

認知行為療法：

矯正信念，改變你看世界的方式，從而改變你對待世界的態度。

脫敏

親密接觸：登上飛機，做放鬆練習，觀看飛行視頻。

飛機：現在你是否覺得我沒那麼可怕了？

心理試探：登上飛機，啟動引擎，但不真正起飛。

飛機：請不要緊張，我還沒有真的起飛。

邁出第一步：登上飛機，近距離短程飛行。

飛機：經歷了這次心理冒險，是不是覺得乘飛機沒那麼可怕？

克服恐懼：願意乘坐飛機。

飛機：跟我在一起，是不是感覺還不錯？

脫敏療法：

循序漸進地接觸飛機，逐步消除恐懼。

09 吃藥

相關研究發現，某些藥物可減輕焦慮。給害怕乘坐飛機的人服用某些藥物，能使乘客產生短暫的輕鬆感。

乘客：

突然沒那麼害怕乘飛機了！

結語

恐懼，是人類常見的一種情緒反應，它是在進化過程中人類為適應環境而發展出的一種特定的反應模式。當人們感到恐懼時，心率、血壓和呼吸頻率會上升，消化活動會減弱，唾液和黏液會變乾，還會出現體表血管收縮的情況，以減少受傷時的出血量。除了生理上的反應，恐懼還會讓人產生應對或逃離威脅的行為。

正常的恐懼有利於人們的生存，但如果一個人恐懼過度，或毫無理性地感到恐懼，並且在威脅消除後仍持續感到恐懼，就可能患有焦慮障礙。

創傷後應激障礙（因為親身經歷、目睹或遭遇危及生命的事情，從而對一些事物感到恐懼）和急性應激障礙（因為曾突然遭受重大打擊而被激發出的恐懼）是焦慮的兩種重要類型。

《精神疾病診斷與統計手冊》第 5 版將恐懼症分為特定恐懼症和廣場恐懼症兩大類。常見的特定恐懼症有動物型恐懼症（害怕某種特定的動物，如狗、貓、蛇等，即使這些動物對自己很友好，也會受到驚嚇並迅速躲開）、自然環境型恐懼症（害怕懸崖、水、風暴等，並因這些現象引發過度焦慮）、情境型恐懼症（對汽車、隧道、橋樑、電梯、飛行等感到恐懼）和「血液 - 注射 - 損傷型」恐懼症，如暈血等。而廣場恐懼症是指一些人對擁擠地帶、開闊地帶等公共場所感到非理性的恐懼。

治療恐懼症有多種方法，除了認知行為療法和系統脫敏療法，還有模仿技術療法、衝擊療法等。模仿技術療法，是通過讓來訪者模仿治療師的行為和觀察學習，漸漸消除恐懼。衝擊療法則是通過讓來訪者暴露於他所害怕的事物，比如讓一個害怕狗的人跟狗生活在一間屋子裏，或讓害怕乘飛機的人試着乘飛機，從而消除來訪者的恐懼。

有研究證實，衝擊療法不僅有效，而且見效比系統脫敏療法和模仿技術療法更快。但是，心理學家往往很難説服來訪者同意接受這樣的療法。

永遠別想說服反對你的人？

證實偏差：全人類共有的傾向

1

首因效應：他不相信你，因為他先相信了別人。

美國心理學家洛欽斯認為，我們交往中的第一印象非常重要，它未必正確，但非常鮮明、牢固，會決定雙方日後的交往。

第一印象

- 他很不錯
- 我喜歡他
- 我希望再見到他
- 把他列為重點發展對象

第一印象

- 他不友好
- 我不喜歡他
- 我不想再見到他
- 把他放入黑名單

我們的大腦在處理訊息時，會受到「首因效應」的影響。如果「他不友好」的印象先入為主，就會不太容易接受與之相反的觀念。

2

證實偏差：他不是不相信，而是根本沒聽見你說甚麼。

當我們確立了某種信念，就會努力尋找證據來支持這一信念，並忽略甚至刻意貶低相反的證據。

「他不好。」
尋找各種證明他不好的證據，
加深不好的印象。

我們的思維模式會無意中受到證實偏差的影響。當已經確立「他不好」的信念時，就會有意忽略他的優點，甚至把他的優點也解釋為缺點。
心理學家菲利普．津巴多認為，證實偏差是人類共有的傾向，尤其在對待那些我們持有鮮明態度的問題時。

你苦口婆心，但他——

我不聽！我不聽！

3

情感偏差

人類是受情感支配的動物，我們認為的「應該這樣」，往往只是「希望這樣」罷了。

當別人犯錯時

應當嚴厲處罰，以儆效尤，杜絕此類情況再次發生。

當自己的親人犯錯時

應當寬容對待，再給他一次機會，他就會改過自新。

我們會受到情感偏差的影響，不理性地對待某些人和某些事。

你言之鑿鑿，但他——

我不信任你，所以不相信你說的話！

4

破解法一：說得巧，不如說得早

趕在他人之前，搶先輸出你的價值觀，他就可能成為你的同黨。

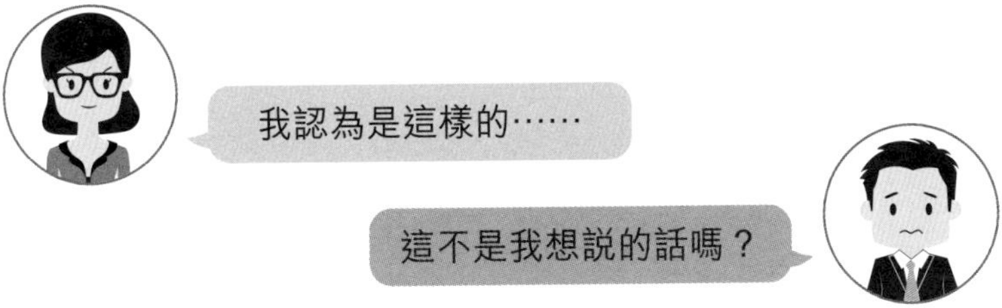

我認為是這樣的……
這不是我想說的話嗎？

5

破解法二：欲擒故縱

迎合對方的觀點。

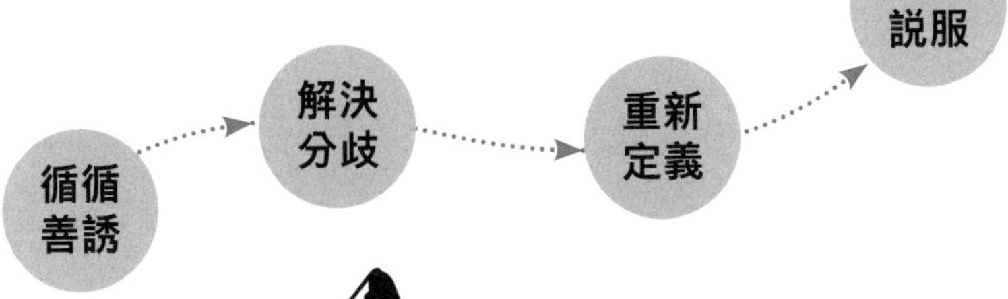

冰封三尺，非一日之寒。
要解凍，還得潤物細無聲。

6

破解法三：感情攻勢

洞察對方想要甚麼，對他的觀念表示理解，站在他的角度來分析，你的觀點會更容易被接受。

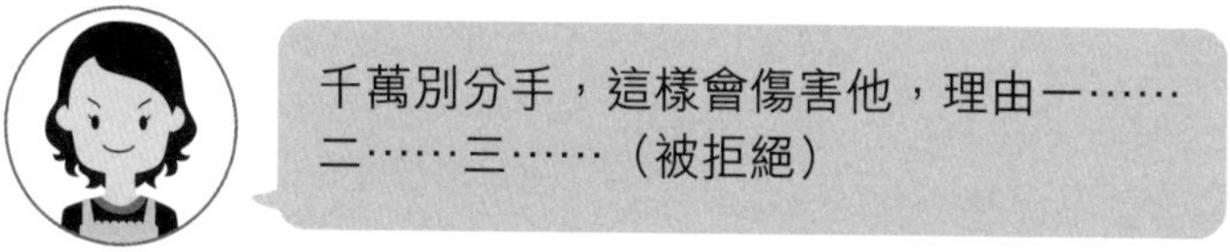

千萬別分手，這樣會傷害他，理由一……二……三……（被拒絕）

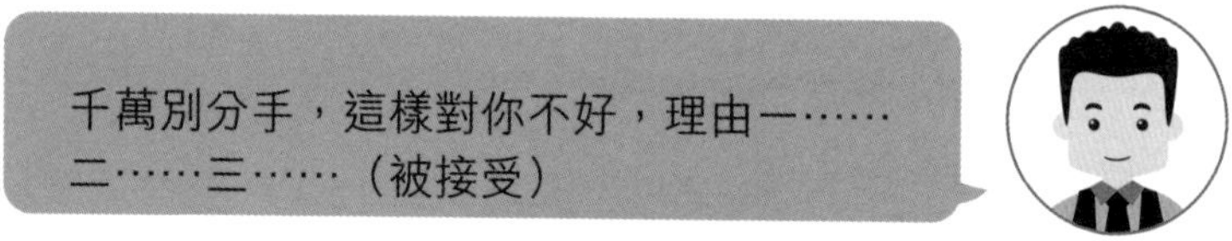

千萬別分手，這樣對你不好，理由一……二……三……（被接受）

結語

說話是一門綜合性的活動，語音、語調、用詞、肢體語言等各方面都要講究和拿捏。不過，要想真正把話說到別人心坎裏，還得懂點心理學。

這裏說的心理學，指的是首因效應、證實偏差、情感偏差等人們普遍存在的心理現象和規律，而不是猜測他人在想甚麼的「讀心術」。

了解這些現象和規律，可以讓我們更理性地解釋和看待一些現象。有時候，你之所以「被拒絕」，並非別人對你有成見，而是你說話選錯了時機，用錯了方式；而你的觀點被別人接受時，也不代表你就是對的。

說話技巧真的很重要，那麼有沒有破解上述心理現象的方法，從而提升個人的說話能力？當然有！事實上，說話之道無論應用在工作上，或是人際交往上都很實用，而最理想的說話之道就是把你放在心上。除了「說得巧，不如說得早」之外，亦需要預先迎合和了解對方的觀點，進而洞悉對方的想法，這樣你的觀點便會較容易被接受。

豬永遠不會飛起來？

妨礙我們進步的本能漂移

1 萬物進化不息

世界是運動的，生命是進化的……

人類進化史

習慣化學習

如果一些事總要發生，我們會漸漸習以為常，不再對它們做出反應。

說出來可能會傷害你的自尊，
因為……
所有擁有神經系統的動物，如狗、貓、豬等，都具備習慣化學習的能力。
但是你不能沒有它，
因為……
正是它讓我們把注意力集中在重要的事情上，而不會被次要的事情分散注意力。

曝光效應

相比陌生事物，我們更喜歡熟悉的事物。

當看見第 100 次時，
你也許就會愛上我。

2

進化可以「天擇」，也可以「人擇」。

與昆蟲相比，人類還擁有更高級的學習力，可以讓我們成為更好的自己。

經典條件作用

類似巴甫洛夫實驗中的狗，你、我、他的愛與恨，也可以被控制或訓練。

戒煙：聞到惡臭——嘔吐，抽煙——聞到惡臭——嘔吐，抽煙——嘔吐。

愛上學習：美食——心情愉快，學習——美食——心情愉快，學習——心情愉快。

操作性條件作用

類似巴甫洛夫實驗中的狗，你、我、他的行為，也可以通過獎懲來塑造。

我討厭沒有光的世界——發明電燈

想獲得金光閃閃的獎盃——成為世界冠軍

3

努力無限，進步有限。

斯金納的兩位學生凱勒·布里蘭和瑪麗安·布里蘭，曾毫不費力地教會了豬把木頭代幣存入「小豬銀行」。但幾個星期後，曾經訓練有素的豬，牠的表現卻不盡如人意，它們反復掉落代幣，用鼻子拱，完全又恢復了豬的本性。

4

本能漂移

研究發現，本能和偏好是學習的前提，
我們天生的反應傾向會妨礙學習。
豬改不了拱鼻。

人能通過學習變得完美嗎？

大前提：動物存在本能漂移
小前提：人是動物
結論：請看下面這句蘇格蘭諺語……

“There's a pig flying by ！”
那隻豬飛起來了（太陽從西邊出來了）！

特大喜報

心理學家發現，對人採用代幣的效果，遠遠好於對豬  採用代幣的效果。換句話說，你的可塑性遠遠大於豬。所以，想要成為「完人」？努力，努力，再努力吧！

結語

伊萬·巴甫洛夫是俄國 20 世紀的一位著名生物學家，一開始他瞧不起心理學，然而當他遇到一個關於唾液分泌的生物學難題時，他和他的團隊開始研究心理學，並首先發現了經典條件作用。不久，美國心理學家約翰·華生通過備受爭議的小阿爾伯特實驗，首先將人作為研究「經典條件作用」的實驗對象，證明了人類的恐懼是可以學習的。

經典條件作用是人類和一些動物的基本學習形式，可以解釋我們的喜好和厭惡。不過，後來有研究者向巴甫洛夫提出挑戰，認為我們的喜好、厭惡、恐懼等會受到遺傳的影響。有時候我們害怕一樣東西，是因為我們的祖先曾受過相關的傷害。

心理學上另一個重要的學習理論，是美國心理學家斯金納發現的操作性條件作用。斯金納發現，動物的行為可以通過獎罰來加強訓練，連續的獎勵還可以塑造複雜的新行為。這一理論的應用非常廣泛，家庭教育、企業獎懲制度的設置、監獄系統對犯人的懲罰等，都與之有關。有意思的是，作為一位激進的行為主義心理學家，斯金納不想把容易被人們稱為心理的情感、動機、目標作為研究對象。為了表達自己的立場，他拒絕使用「獎勵」一詞，而把它稱為「強化物」。

超圖解 社會心理學

著者
李雲帆

責任編輯
嚴瓊音

裝幀設計
鍾啟善

排版
辛紅梅

出版者
萬里機構出版有限公司
香港北角英皇道 499 號北角工業大廈 20 樓
電話：2564 7511　　傳真：2565 5539
電郵：info@wanlibk.com
網址：http://www.wanlibk.com
http://www.facebook.com/wanlibk

發行者
香港聯合書刊物流有限公司
香港荃灣德士古道 220-248 號荃灣工業中心 16 樓
電話：2150 2100　　傳真：2407 3062
電郵：info@suplogistics.com.hk

承印者
美雅印刷製本有限公司
香港九龍觀塘榮業街 6 號海濱工業大廈 4 樓 A 室

出版日期
二〇二一年三月第一次印刷

規格
大 32 開（210 mm × 142 mm）

Published and printed in Hong Kong
ISBN 978-962-14-7340-0